LIDERE A SUA VIDA

Editora Vida
Rua Conde de Sarzedas, 246 — Liberdade
CEP 01512-070 — São Paulo, SP
Tel.: 0 xx 11 2618 7000
atendimento@editoravida.com.br
www.editoravida.com.br
@editora_vida /editoravida

Editora-chefe: Sarah Lucchini
Editor responsável: Paulo Peres
Edição: Paulo Peres e Sônia Lula
Revisão de provas: Paulo Oliveira
e Mara Eduarda V. Garro
Projeto gráfico: Claudia Fatel Lino
Diagramação: Madalena Araujo e Philipe Santos
Capa: Lira Lira

LIDERE A SUA VIDA

Todas as citações bíblicas e de terceiros foram adaptadas segundo o Acordo Ortográfico da Língua Portuguesa, assinado em 1990, em vigor desde janeiro de 2009.

■

As opiniões expressas nesta obra refletem o ponto de vista de seus autores e não são necessariamente equivalentes às da Editora Vida ou de sua equipe editorial.

Os nomes das pessoas citadas na obra foram alterados nos casos em que poderia surgir alguma situação embaraçosa.

Todos os grifos são do autor, exceto os indicados.

1. edição: set. 2024

Dados Internacionais de Catalogação na Publicação (CIP)
(Câmara Brasileira do Livro, SP, Brasil)

Soares, Matheus

Lidere a sua vida : dez decisões intransferíveis para o seu desenvolvimento pessoal / Matheus Soares. -- São Paulo : Editora Vida, 2024.

ISBN 978-65-5584-558-7
e-ISBN 978-65-5584-559-4

1. Cristianismo 2. Liderança - Aspectos religiosos - Cristianismo 3. Transformação espiritual 4. Vida cristã I. Título.

24-220087 CDD-248.4

Índice para catálogo sistemático:
1. Transformação : Vida espiritual : Cristianismo 248.4
Eliane de Freitas Leite - Bibliotecária - CRB 8/8415

LIDERE A SUA VIDA

DEZ DECISÕES INTRANSFERÍVEIS PARA O SEU DESENVOLVIMENTO PESSOAL

MATHEUS SOARES

Vida

Sumário

Introdução

Todos lidamos diariamente com sonhos, dilemas e expectativas na jornada imprevisível da vida que nos leva ao nosso amanhã.

Sem dúvidas, crescer é o que todos buscam, mas infelizmente nem todos conseguem. O crescimento não é um presente, e sim um resultado! Não acontece para os que querem; acontece para os que buscam, e nessa busca existem algumas boas decisões pessoais que, se não as fizermos, provavelmente não teremos êxito.

A proposta deste livro não é a de ser mais um livro sobre desenvolvimento pessoal. A mensagem central deste texto vai além disso — a minha grande missão como escritor é compartilhar com você um caminho de autoanálise que o pode auxiliar a fazer um *checkup* dos seus sonhos e objetivos, bem como da sua disciplina pessoal, para que você não se torne o principal responsável por não materializar um futuro tão desejado.

Em *Lidere a sua vida*, exponho 10 decisões pessoais e intransferíveis que irão influenciar a sua trajetória por inteiro. Essas decisões afetam toda a engrenagem do crescimento, desde a vida espiritual até a saúde física, desde a busca pela excelência até a luta diária contra as desculpas, desde a importância de saber para onde ir até a batalha constante contra a procrastinação. Este é um livro que, assim como um amplo espelho, nos permitirá observar quais são as coisas que precisam mudar em nós para que possamos estar à altura da grandeza do propósito para o qual nascemos e devemos cumprir.

Lidere a sua vida deve ser lido com o coração aberto e emoções rendidas. Trata-se de uma leitura a ser feita na mesma medida em que se pede a Deus para que os princípios aqui tratados produzam uma transformação duradoura em você.

A minha oração é que, após esta leitura, o seu projeto de vida se torne mais nítido; que a gestão da sua vida pessoal se torne mais leve e agradável; que tudo lhe vá bem: na mente, na fé, nas emoções e fisicamente. Desejo que os seus sonhos e anseios, por maiores que sejam, se convertam em alvos mais acessíveis, fruto de uma melhor *liderança da sua vida*!

Por fim, desejo que os melhores e mais produtivos anos da sua vida estejam começando agora com a leitura deste livro! Que esta leitura lhe seja inspiradora e que o efeito dela seja para você um agente de transformação. Deus lhe abençoe, boa leitura!

Lidere a sua vida deve ser lido com o coração aberto e emoções rendidas.

Capítulo 1

Não lidere sozinho

Um mês antes do fatídico 7 de outubro de 2023, quando centenas de israelenses foram mortos em um ataque cruel a vários pontos de Israel, eu visitava a região de Qumran, local onde décadas antes haviam sido encontrados os manuscritos do mar Morto. Naquele dia, fui informado sobre uma então recente descoberta em um manuscrito antigo, que curiosamente continha um trecho do Sermão do Monte com a seguinte descrição: "Bem-aventurados os necessitados de espírito", o que tradicionalmente traduzimos por "Bem-aventurados os pobres de espírito" do inesquecível sermão de Jesus.

Tal descoberta trouxe luz ao meu entendimento, pois por muitos anos tem se debatido acerca do significado de "pobres" naquele texto. Há quem pense que "pobres" ali retrata um cenário de privações. Outros sugerem que diz respeito a um espírito empobrecido; no entanto, nada disso fazia muito sentido para mim, pois o termo grego usado ali para "espírito" é *pneuma*, que é o mesmo termo utilizado no Novo Testamento para a pessoa do Espírito Santo. Portanto, a expressão não poderia se referir a um espírito empobrecido. Qual seria então o sentido real da expressão citada por Jesus?

O termo grego usado em Mateus 5.3 para "pobres" é *ptochos*, que curiosamente também sugere a ideia de "necessitado, carente, dependente". Diante disso, o sentido provável construído por Jesus em seu sermão caminhava para a ideia de "Felizes são aqueles que sabem que são necessitados do Espírito", ou seja, trata da consciência acerca de como dependemos de Deus! Esta é a chave!

Desse modo, a primeira decisão a se tomar no início da leitura deste livro é tornar-se consciente de que não iremos conseguir liderar a nossa vida por nossa própria conta, precisaremos da direção de Deus.

Seria muita presunção da nossa parte pensarmos que sozinhos conseguiremos fazer tudo e identificarmos todas as oportunidades e todos os perigos ao nosso redor. Todo ser humano possui os seus limites para sempre encontrar as melhores soluções, gerar todas as ideias, recompor-se de todos os desgastes e manter clareza em todo o tempo acerca de tudo o que precisa ser feito! Chegará um momento na vida no qual perceberemos que não teríamos chegado ao lugar pretendido se não fosse o toque de Deus a nos abrir os olhos e a mente para vermos um novo caminho, retirando determinadas pessoas da trajetória, libertando-nos das ilusões e sofismas e nos realinhando novamente no rumo certo.

Em outras palavras, é simplesmente impossível fazer todo o percurso sozinho. Esse sentimento de dependência tem me feito repensar no limite da famosa máxima de que o ser humano deve "ser o protagonista de sua própria história".

Entendo que essa máxima diz respeito ao perigo de não deixar que outras pessoas decidam o presente e o futuro por você, sem que você execute o seu plano de organização sobre aonde quer chegar, pois isso acaba tornando a sua vida e felicidade dependentes da boa vontade de alguém querer fazer alguma coisa por você, e isso é algo extremamente perigoso, pois equivale a dizer que a sua vida e felicidade pessoal dependeriam da boa vontade de terceiros. No entanto, também não podemos pensar que tudo dependerá apenas de nós e que sermos protagonistas no presente é tudo o que necessitamos para tornar os nossos planos em realidade, pois a vida somente com isso seria insuficiente.

Quando os nossos filhos, Benjamin e Luigi, tinham entre 2 e 4 anos de idade, com muita frequência acontecia algo que se passa com a maioria das crianças dessa idade: eles se apegavam com paixão a determinadas peças de roupa e quase sempre as roupas preferidas tinham a ver com personagens de desenhos, como o Homem-Aranha, o Sonic e os da Patrulha Canina. Talvez os seus filhos também tenham tido apego pelas roupas de personagens, como Batman, Hulk, Barbie, Mickey, entre outros. E o mais curioso era que, às vezes, queriam usá-las mesmo quando estavam sujas, ou até mesmo quando a ocasião pedia outro tipo de vestimenta, e eles tinham de ser "desagradados" naquele momento para usarem outra roupa melhor que não era escolhida por eles.

Ao vestirem uma roupa adequada, sempre atraíam a atenção e os elogios de outras pessoas, e sabe por que isso acontecia? Porque haviam sido justamente os pais quem havia escolhido para eles. Sabe qual é o nosso problema? Crescemos e começamos a pensar que já sabemos fazer as escolhas certas sozinhos. A diferença é que chega um momento que as escolhas deixam de ser triviais, como decidir sobre o que vestir, e passam a ser decisivas, como estabelecer planos, destinos e prioridades.

É uma ilusão pensar que você poderá resolver tudo isso sozinho. Chame Deus para participar das suas decisões — ele é o maior interessado em ver você vencer!

Lidere a vida em uma jornada de criação reproduzindo o modelo divino

A Bíblia não é apenas um livro de histórias. A Bíblia é um livro de modelos! Em todo o tempo Deus nos ensina como ter uma vida criativa, e ninguém é mais criativo do que ele. Ao criar o mundo em seis dias, concluindo no sétimo, Deus não apenas criou tudo o que existe como também nos deixou um modelo de criação.

Em todo o tempo Deus nos ensina como ter uma vida criativa, e ninguém é mais criativo do que ele.

Gosto da ideia de que tudo o que criamos vem de algo que Deus criou primeiro. O que produzimos sempre é o produto extraído de uma matéria-prima. O marceneiro só consegue fabricar uma mesa porque Deus criou as árvores. O cozinheiro é capaz de criar seu melhor prato porque os ingredientes (carnes e peixes, trigo e grãos, saladas e verduras) vêm diretamente da natureza criada por Deus. Até mesmo o que se produz na área industrial está relacionado com matérias-primas retiradas da natureza divinamente criada. O papel do ser humano, portanto, limita-se a reconfigurar o que primeiramente foi criado por Deus, que é o grande Criador.

Ao criar o mundo, Deus compartilhou conosco, através de suas ações, princípios extraordinários que bem podem e devem servir a todo aquele que deseja ter uma vida criativa. Deus criou o mundo e ao mesmo tempo ensinou como fazer uso de um planejamento altamente desenvolvido e pensado. O Criador não agiu sem rumo e de modo aleatório aqui e ali. Antes, tinha uma visão clara de aonde queria chegar.

Você já planejou os seus próximos passos? Tem em mente o que deseja construir? Já mapeou a rota a ser seguida? Vejamos a seguir alguns dos princípios enfatizados pelo Criador que nos servirão de guia para nossa jornada.

Primeiro princípio: trabalhe com a luz acesa

Antes de começar a criar o mundo, em Gênesis 1.3, Deus disse: "Haja luz". Até Deus entendeu que é melhor trabalhar com a luz acesa.

Antes de criar qualquer coisa, Deus trouxe clareza. O Sol e a Lua, como astros, só seriam criados no quarto dia, mas desde o começo Deus escolheu não trabalhar com a luz apagada. Seja qual for o projeto que almeja criar, você deve trabalhar com clareza e seguir o modelo de Deus. Ele começou a criar céus e terra, oceanos e mares, animais e plantações partindo de um ambiente que ele próprio havia iluminado.

Nunca haverá confusão em algo que foi edificado às claras! Um dos maiores ladrões de credibilidade são as coisas feitas e idealizadas de modo obscuro. Toda estratégia e comunicação que não se tornam claras acabam abrindo portas para a desinformação. Portanto, acender a luz no ambiente que você planeja construir o fará ser muito mais bem-sucedido em suas realizações.

Construir sua história às claras auxiliará você a periodicamente ter a possibilidade de ter um olhar crítico sobre o

Até Deus entendeu
que é melhor trabalhar
com a luz acesa.

Antes de criar
qualquer coisa,
Deus trouxe clareza.

que está desenvolvendo; desse modo, você poderá analisar o que está edificando e constatar que o que você criou "era bom" (cf. Gênesis 1.10).

Segundo princípio: organize o crescimento em etapas

Mesmo tendo o poder e a capacidade de criar o mundo com apenas um estalar de dedos, Deus optou por agir em seis dias e descansar no sétimo dia (cf. Gênesis 2.2). Ao atuar dessa forma, compartilhou o segundo princípio da criação, que é planejar de forma organizada.

Com isso, vemos a importância de planejar e organizar um cronograma de etapas acerca do que você precisa fazer. Nesse texto bíblico, vemos que, em seu projeto de criação, Deus adotou o método de fazer por etapas:

No primeiro dia, criou o dia e a noite, ao separar a luz da escuridão.

No segundo dia, criou o firmamento chamado céu e separou as águas que estão abaixo do firmamento das águas restantes, que estão acima do firmamento.

No terceiro dia, fez surgir a terra e organizou as águas que estão abaixo do firmamento; com isso, os mares e os oceanos foram formados. Ainda nesse dia, Deus fez existir sobre a terra todo tipo de vegetação, bem como todas as sementes e frutos; assim, concluiu-se o terceiro dia.

No quarto dia, ele fez a Terra, o Sol e a Lua para que fossem marcadas as estações, os dias e os anos e estabeleceu que esses dois luminares fossem os responsáveis para governar o dia e a noite, e assim se concluiu mais um dia.

A esse respeito quero destacar três pontos.

Primeiro, somente no quarto dia é que o Sol e a Lua, que são os luminares que marcam as 24 horas do dia, foram criados; portanto, muito provavelmente a ideia de "dias da criação" não se refere a um marco de 24 horas, mas sim a um período de tempo utilizado por Deus para que cada uma dessas ações fossem minuciosamente criadas. O termo hebraico usado aqui para "dia" é *yom,* que também significa "tempo" no idioma bíblico; então, é provável que a Bíblia esteja se referindo a "tempos da criação".

Segundo, como é que o Sol e a Lua foram criados no quarto dia se já no primeiro dia Deus havia criado o dia e a noite? Muito provavelmente, Deus realizou aqui a mesma ação operante que será usada na Nova Jerusalém: "Não haverá mais noite, e não precisarão de luz de lâmpada nem da luz do sol, porque o Senhor Deus os iluminará, e eles reinarão pelos séculos dos séculos" (Apocalipse 22.5, AS21). O próprio Deus era a luz na criação, e toda luz existente provinha dele.

Terceiro, a ideia de "tempos da criação" pode ser uma possibilidade interpretativa coerente entre o tempo bíblico do nosso planeta (que são apenas milhares de anos) e o tempo contado pela ciência, que é infinitamente superior. Imagine comigo a seguinte cena: pense que Adão tivesse sido criado ontem e que hoje Deus trouxesse um médico que indagasse a idade do primeiro homem. "Quantos anos você acha que Adão tem?", perguntaria Deus ao médico. Este responderia que Adão, em sua opinião, teria pelo menos 30 ou 35 anos de idade, pois tinha a altura de um adulto, sua dentição já estava formada e a estrutura óssea já havia sido concluída. No entanto, Adão tinha apenas um dia de vida!

Ou seja, humanamente falando, Deus teria criado Adão não em forma de bebê ou criança, mas sim de um homem-feito. "Deus formou Adão já velho."

Raciocínio semelhante pode ser aplicado ao conceito de tempo da Terra, pois há uma grande possibilidade de que Deus também "já tenha feito a Terra velha", por isso a ciência chegaria ao cálculo de bilhões de anos. Como o tempo da criação — que não sabemos cronologicamente, ao certo, qual foi — pode não ter sido apenas sete períodos de 24 horas, tanto a Bíblia como a ciência estariam certas em seus relatos, pois o propósito do relato bíblico não é oferecer um texto científico nem investigativo, mas sim um relato geral sobre toda a criação.

Voltando aos dias da criação, no quinto dia Deus formou todos os animais que vivem no mar e todas as aves que sobrevoam o céu.

No sexto dia, Deus formou da terra todos os animais terrestres, tanto animais domésticos como répteis e animais selvagens (cf. Gênesis 1.24); também no sexto dia o Criador, do pó da terra, formou o homem, embora com um diferencial dos animais formados no mesmo dia e da mesma matéria: apenas com respeito ao homem se diz que Deus lhe soprou nas narinas o fôlego de vida, fazendo dele um ser vivente (cf. Gênesis 2.7).

Quantos anos você acha que Adão tem?

Que incrível isso! Deus foi extremamente organizado ao planejar cada dia da criação. Se você deseja ser bem-sucedido em sua liderança pessoal e alcançar êxitos em uma jornada criativa da vida, precisará também planejar cada etapa em um dia de cada vez, tal como fez o Criador.

O interessante é que não vemos Deus entediado pelo fato de no terceiro dia ainda não ter criado animal algum. Depois de cinco dias de trabalho, não vemos Deus desanimado por ainda não ter formado o homem, a coroa de sua criação. Isso não aconteceu justamente porque Deus estava seguindo um plano bem-organizado. Em outras palavras, quem sabe para onde está indo não se desespera ao longo do percurso da etapa em que ainda está hoje.

Portanto, entenda que há um poder espiritual na organização do tempo e da rotina. Por isso, uma das coisas mais perigosas que podem acontecer na vida é gastarmos nossos dias sem um planejamento. Quando não se sabe para onde está indo, qualquer lugar serve. Portanto, Deus deseja nos ajudar a organizar e administrar nossa vida rumo ao crescimento.

SEJA

humilde
criativo
solidário
referência
organizado
estratégico
agradecido
perseverante
bem-sucedido

Terceiro princípio: celebre o que você já alcançou

Há aqui uma lição incrível ensinada por Deus. Mesmo que ainda faltasse muito para concluir todo o seu projeto, ele celebrava cada etapa: "Viu Deus que era bom" (cf. Gênesis 1.10 em diante). Deus é perito em celebrar, por isso celebre as pequenas conquistas!

Celebrar cada etapa concluída, além de ser renovador, é exponencial. Há emoções que você precisa acessar enquanto vivencia a construção diária da sua história.

Você não pode se furtar de celebrar e agradecer pelas vitórias que já alcançou e pelas etapas que já concluiu, pois, ainda que esses pequenos passos tenham sido simples, a realização deles o ajudará a não desfalecer diante do trabalho dos próximos desafios. Talvez você ainda esteja longe de aonde almeja chegar, quem sabe você pode ainda não ter conseguido formar visivelmente tudo aquilo que é o seu projeto ideal, mas parar para celebrar cada etapa que já conseguiu vencer ajudará muito você a permanecer motivado para que, dia após dia, consiga concluir sua jornada de criação. Celebre cada etapa! Não furte suas emoções disso!

Celebre as pequenas conquistas!

Quarto princípio: crie uma organização sustentável

A criação do mundo foi desenvolvida em três etapas: primeiro, Deus criou; depois ele preencheu e, por último, socializou.

A primeira etapa foi a estrutura da criação: fez dia e noite, céu e mar, Terra e luminares. Depois de ter criado, preencheu com plantas e árvores para que produzissem sementes e frutos, e estruturou na Terra tudo que havia formado com toda a variedade de flora e arborização.

Somente depois de ter preenchido o mundo que criara é que Deus estabeleceu a socialização, ao criar os peixes, as aves, os animais terrestres e, por último, o homem.

Organize primeiro as suas ideias e projetos, para que somente após estarem claros em sua organização você possa trazer as pessoas para ele. Socializar foi a última etapa.

Observe que interessante! Deus não fez os animais e o homem antes de criar o que eles precisariam para sobreviver: frutos e plantações. Há aqui uma verdade espiritual: Deus nunca lhe colocará em um lugar sem que ele já não tenha preparado tudo primeiro para a sua estação ali. Deus sempre cria uma organização sustentável.

Seguir o modelo divino também consiste em criar estruturas e organização cuja engrenagem funcione por si só. Deus não precisou recriar as coisas depois — a estrutura por si só se sustentou em sua continuação. As plantas geraram sementes, e as sementes geraram novas plantas; os animais geraram animais, que geraram outros animais; as fontes geraram rios que, por sua vez, abasteceram os mares; enfim, Deus fez o mundo uma única vez, mas o criou de modo tão sustentável que, mesmo com o desgaste causado pela ação do homem ao longo da História, sua estrutura criada continua a se manter.

Quinto princípio: controle coisas, não pessoas

Esta é uma das mais libertadoras verdades da vida. A primeira missão dada por Deus ao homem foi: "Sejam férteis e multipliquem-se. Encham e governem a terra. Dominem sobre os peixes do mar, sobre as aves do céu e sobre todos os animais que rastejam pelo chão" (Gênesis 1.28, NVT).

Observe que Deus disse ao homem que dominasse os peixes, as aves e os animais terrestres, mas não deu a ele a missão de dominar pessoas, porque o ser humano foi criado para ser liderado, não controlado.

A primeira missão estabelecida por Deus em relação ao comportamento de um ser humano sobre o outro foi "essa lhe será uma auxiliadora", citando a missão de Eva como esposa (Gênesis 2.18), pois pessoas foram criadas para serem auxiliadas, amadas, aconselhadas, inspiradas e lideradas, não controladas.

Controlar pessoas é prejudicial tanto para você como para elas.

Nunca saberemos se as pessoas amam de fato estar ao nosso lado se esta for a única opção que tiverem. A vida acontece com quem prioriza e ama estar junto, e não com quem precisa estar junto por obrigação ou necessidade. Controlar pessoas é prejudicial tanto para você como para elas.

Lidere pessoas para a expansão, e não para o encarceramento. Ter controle demais sobre pessoas faz mal a elas, pois as impedem de crescer, e faz mal a nós, pois nos impede de evoluirmos de modo emocionalmente saudável. Acabamos nos tornando possessivos, inseguros e instáveis. Portanto, priorize quem ama estar ao seu lado por satisfação, porque a vida se desenvolve melhor com essas pessoas.

Todas as estruturas dominantes de governos controladores geraram pessoas empobrecidas, limitadas, oprimidas e infelizes. Em contrapartida, todas as estruturas governamentais que ensinaram ao seu povo que podiam ser livres, e que o que precisavam eram ser orientados e inspirados, mas não controlados, geraram pessoas que se desenvolveram, prosperaram e cresceram.

Domine sobre coisas e lidere e inspire pessoas. Sua vida será mais leve e agradável assim.

Sexto princípio: harmonize a relação entre senhorio e provisão

Até que ponto Deus tem sido o Senhor da sua vida? Você tem permitido que ele tenha domínio em todas as áreas da sua existência?

Certamente, uma das grandes crises espirituais do nosso tempo está no fato de que muitas pessoas receberam Jesus apenas como Salvador, mas não como Senhor. Com isso, apenas buscam a salvação, mas não se rendem ao seu senhorio. No entanto, recebê-lo como Salvador consiste em confiar sua vida por inteiro a ele e submetê-la completamente também à sua vontade e orientação.

Deus plantou um jardim no Éden (cf. Gênesis 2.8) e colocou o homem nele para cultivá-lo e guardá-lo (cf. Gênesis 2.15). Observe que antes de o pecado entrar no mundo, era Deus quem havia plantado, e a missão do homem era cuidar e cultivar. No entanto, após a Queda, Deus retirou o homem do jardim que ele havia plantado e, a partir de então, Adão deveria plantar para comer com o "suor do seu rosto" (cf. Gênesis 3.19), ou seja, os papéis haviam mudado — dali em diante, seria do homem a missão de também plantar.

Deus estava estabelecendo um princípio de relacionamento com o homem: "Quem não me respeitar como Senhor, não me terá como provedor".

Tudo começou a ruir no Éden quando Adão e Eva deixaram de obedecer ao senhorio divino. A ruptura com uma vida de devoção a Deus pode nos tirar de ambientes que foram preparados para nós. O Éden havia sido criado de modo sustentável, criativo e perfeito para que o homem ali vivesse perpetuamente, mas a desobediência ao senhorio divino criou uma separação profunda entre o Criador e a coroa de sua criação.

Lidere a sua vida, mas não lidere sozinho. Não rompa com sua devoção e dependência de Deus. Construa uma caminhada na qual os princípios divinos estejam enraizados no seu coração; caso contrário, sua liderança pessoal falhará e você acabará lançado para fora do ambiente que lhe foi designado pelo Criador.

Até que ponto
Deus tem sido o
Senhor da sua vida?

Capítulo 2

Vença a procrastinação

Procrastinação! Esta é uma das palavras mais em alta no momento. Você já atrasou coisas em sua vida por causa da procrastinação?

Não quero aqui generalizar esse tema, como se houvesse uma única causa ou origem para sua manifestação. Concordo plenamente que existem casos de procrastinação relacionados a quadros de TDAH (transtorno do déficit de atenção e hiperatividade) e desajuste hormonal ou emocional; no entanto, já está mais que comprovado que boa parcela do que adiamos tem a ver com um quadro de comportamentos adquiridos e reproduzidos, que, por não serem confrontados, levam-nos a protelar metas, projetos e resultados.

Vale a pena lembrar que até mesmo em casos de TDAH, por exemplo, o uso isolado de medicamentos não resolve o problema da procrastinação; mas as mudanças de comportamento, aliadas ao tratamento, é que têm o poder de levar a pessoa a uma nova rotina e estilo de vida. Os medicamentos auxiliam a reajustar o foco, a concentração, o equilíbrio hormonal, etc., mas espera-se que a pessoa, depois de readquirir certa recomposição orgânica, reajuste seu foco e atenção e tenha disciplina na gestão do tempo e das prioridades para poder abandonar os hábitos antigos e assumir um novo comportamento.

Procrastinar é postergar. Esse termo tem origem no latim e significa literalmente "deixar para amanhã" — e isso pode ser justificado por inúmeras razões: "Amanhã terei mais tempo", "Não estou bem hoje", "Daqui alguns dias será mais fácil realizar isso", entre outros. Na prática, a procrastinação é o ato de adiar algo importante sem que haja um bom motivo e, em troca disso, fazer algo menos ou nada importante, mesmo sabendo que essa atitude trará consequências.

Diante disso, o procrastinador não é alguém que não sabe que está se prejudicando; pelo contrário, ele sabe que seu comportamento lhe faz mal e, mesmo assim, não consegue mudar a rotina, e esta vai lhe controlando cada vez mais. Ou seja, a procrastinação não é uma decisão inconsciente, mas um consentimento intencional — trata-se de uma paralisação racional.

Quase sempre, o procrastinador não é alguém que desconhece o que deve fazer. Na maioria das vezes, ele é alguém que tem consciência do que deve ser feito, mas não consegue dar continuidade a algo já iniciado, sendo vencido pela inconstância.

Psicanalistas e terapeutas comportamentais têm apontado que existem dois perfis muito comuns entre os procrastinadores:

Reajuste seu foco e atenção e tenha disciplina na gestão do tempo e das prioridades para poder abandonar os hábitos antigos e assumir um novo comportamento.

O primeiro grupo é formado por aqueles que não possuem nenhuma ocupação que justifique o adiamento de uma tarefa; mesmo assim, desviam a atenção ou para assistir a um filme, rolar o *feed* em uma rede social ou a qualquer outra distração.

O segundo grupo é formado por aqueles que deixam de fazer o que, de fato, deveria ser feito por causa de "falsas prioridades". Este é o caso quando o que é **urgente** rouba a sua atenção daquilo que era **importante** (falaremos mais sobre isso ainda neste capítulo).

Porém, em ambos os casos a procrastinação acaba causando certo prejuízo no desenvolvimento pessoal.

Outra característica de uma pessoa procrastinadora é que, quase sempre, ela se vê diante de ter de realizar uma atividade, mas foge durante dias e deixa tal responsabilidade para a "última hora", realizando-a sempre às pressas e sem muita dedicação, como se dissesse: "Ainda bem que estou me livrando disso".

Infelizmente, esse comportamento acaba se tornando constante e vai se transformando em uma rotina, até se tornar uma cultura de procrastinação; o último passo é que passa a ser um estilo de vida a ponto de a pessoa deixar de considerar qualquer outra forma de produtividade a não ser esta.

Um dos principais "sinais" de uma pessoa procrastinadora é percebido nos primeiros minutos do dia, justamente quando ela acorda. O famoso "modo soneca" do despertador acaba sendo o primeiro gatilho diário da procrastinação. A pessoa ilusoriamente pensa que dormir mais cinco minutos, até que o modo de repetição do despertador toque de novo, proporcionará a ela um pouco mais de descanso; a verdade, porém, é que a pessoa ou não terá descansado mais nada naqueles próximos minutos, ou então perderá o horário já iniciando ali a sua jornada diária de procrastinação. Começar o dia acordando de verdade é uma das melhores formas de viver e aproveitar plenamente o seu dia.

O fato é que nem sempre os procrastinadores se dão conta de que a procrastinação é lucrativa para alguém, mas nunca para o procrastinador. Alguém, por exemplo, que deixa de cumprir suas tarefas por "falta" de tempo e dedicação, gastando horas do dia diante de um celular ou em uma rotina de jogos e distrações, pode não perceber, mas a sua audiência em plataformas de redes sociais está sendo esperada para monetizar a conta de alguém.

Os algoritmos das redes são usados de forma inteligente para produzir engajamento do público-alvo em determinados conteúdos e se sustentam com a permanência desse público. Tudo na internet hoje é projetado para que você fique ali o máximo de tempo. Por isso, milhões de pessoas estão desperdiçando — talvez até sem perceber — horas da vida todos os dias diante de uma tela, tornando outras pessoas mais ricas, ao mesmo tempo em que o procrastinador se torna cada vez menos produtivo e mais pobre.

Os dois minutos que você separa para ver um *post* e que acabam se transformando em 50 minutos de permanência ali estão deixando alguém mais rico; mas em troca disso você pode ter ficado mais pobre. Tudo na tecnologia hoje conduz à procrastinação. As redes sociais e as plataformas em geral precisam prender você a uma tela para gerarem riqueza por meio de você.

Começar o dia acordando de verdade é uma das melhores formas de viver e aproveitar plenamente o seu dia.

Em outras palavras, necessitam da sua procrastinação para enriquecer. O que você precisa entender é que onde você deixa o seu tempo, ali também deixa a sua vida, e isso está produzindo dinheiro para alguém. A diferença é se está produzindo para você ou se outros estão tirando proveito da sua procrastinação para gerar dinheiro para eles.

Como acabar com a procrastinação

O ponto inicial para mudar um comportamento é, sem dúvida, a mudança de mentalidade. Entender o que precisa ser mudado e saber como realizar isso ajudará você a chegar a uma nova realidade.

"Um, dois, três, AGORA!"

Existe uma técnica da qual gosto muito que se chama "Um, dois, três, AGORA!". Observe como ela funciona.

Imagine que você precisa ir para a academia treinar, mas nesse momento está no celular passando o *feed* de notícias e sem disposição para sair do lugar. Então, diga bem alto: "Um, dois, três, AGORA!".

Imagine que você tem de sair para resolver uma pendência e a ausência de solução nisso não está lhe fazendo sentir-se bem: "Um, dois, três, AGORA!".

Imagine que você precisa encontrar um documento, e até imagina onde deve estar, mas vem adiando há alguns dias. Repita: "Um, dois, três, AGORA!".

Imagine que você precisa terminar a leitura de um livro, mas o tempo que havia separado para isso está sendo desperdiçado em uma atividade qualquer: "Um, dois, três, AGORA!".

Diante de qualquer situação que você precisa resolver, mas tem sido dominado pela preguiça e pelo desânimo, diga bem alto: "Um, dois, três, AGORA!".

Essa dinâmica é como um choque em reação ao comportamento da procrastinação. É como se você estivesse dando um "tranco" na engrenagem da preguiça e da inércia. Isso, porque o cérebro humano costuma reagir diante de pequenos estímulos. Experimente testá-lo quando estiver tentando fugir silenciosamente das suas responsabilidades. É uma forma de verbalizar e se posicionar diante daquilo que precisa ser feito.

Esvazie a sua "caixa"

O segundo método é imaginar que todos os compromissos e tarefas que você precisa cumprir são como objetos que vão sendo empilhados em uma caixa; a falha em cumpri-los só os faz aumentar.

Qual será a consequência disso com o tempo? Essa caixa ficará completamente cheia e não caberá mais nada! Isso também acontece com tarefas que precisam ser resolvidas. Como diminuir então essa quantidade de coisas para que elas não levem você ao sentimento de exaustão? Uma das melhores formas é decidir na sua mente que todas as tarefas que consumam menos do que cinco minutos deverão ser resolvidas agora.

Por exemplo, se você tem um WhatsApp para responder, uma ligação rápida a fazer ou uma informação a enviar, e tiver de adicioná-las a outras dez tarefas maiores ainda não resolvidas, é muito provável que no fim do dia a sua caixa de pendências ainda estará bem cheia.

Inevitavelmente, o acúmulo de demandas só contribuirá para que você se torne um procrastinador. Portanto, se conseguir resolver na hora uma tarefa que não tomará muito tempo para ser solucionada, muito provavelmente esta não se acumulará com outra grande quantidade de tarefas que poderiam consumir ainda mais as suas energias a ponto de ter de deixá-la para o dia seguinte.

Há, no entanto, uma observação: você precisará se disciplinar para que o fato de entrar para responder um e-mail ou um WhatsApp não o faça começar a navegar ali e deixar mais tempo do que, de fato, precisaria para solucionar aquela questão, mas saber esvaziar a caixa é uma preciosa dica para vencer a procrastinação.

Coloque um tijolo de cada vez

Outra sugestão para pessoas que são tentadas a procrastinar com frequência é adotar a técnica de construir o muro colocando um tijolo de cada vez. Normalmente, o procrastinador tende, por natureza, a ser alguém que sonha muito e executa pouco. Este acaba se tornando o perfil de quem até possui projetos visionários, mas na hora de "pegar e fazer" ou não sabe por onde começar, ou então até começa, mas devido à agitação interna e ansiedade acaba se distraindo e não alcançando os alvos desejados. O princípio aqui é: coloque um tijolo por vez.

Liderar a vida consiste literalmente em liderar a rotina.

Se você tiver de resolver dez pendências, organize uma sequência para resolver uma por vez. Se tiver de ler um livro de 300 páginas para realizar um trabalho, leia um capítulo por vez, mas não fique sem ler pelo menos um capítulo. Se precisar escrever um livro, escreva um assunto por vez e, quando menos perceber, o simples fato de ter fracionado o trabalho o levará a concluí-lo. Em outras palavras, só quem colocou um tijolo de cada vez é que constrói um muro!

Faça o cronograma do seu dia

Fazer o cronograma do seu dia é uma das dicas de ouro para quem precisa vencer a procrastinação. Literalmente anotar o que precisa ser feito e não desligar sua atenção até que tenha sido concluído.

Esta é uma verdade que deve ser guardada: liderar a vida consiste literalmente em liderar a rotina. Não é possível liderar pessoas nem projetos se primeiro o líder não conseguir liderar a si mesmo. Portanto, assumir o controle do que deve ser realizado e não se dar por satisfeito até que o tenha alcançado é o objetivo a ser perseguido.

Para isso, escreva as suas tarefas. Esvazie o cérebro. Afinal, algo tão pequeno quanto um lápis é muito mais confiável do que uma grande memória, simplesmente porque o que está escrito não precisa ser lembrado. Isso libertará você do peso de ter de se lembrar das suas muitas atividades.

Tenha sua rotina ideal organizada por escrito.

Estima-se que 60% de uma informação só permanece armazenada na memória durante 40 segundos, porque a memória humana é suscetível demais a falhas. Assim, anotar as suas ideias é indispensável para você ter uma vida produtiva. Tenha o hábito de andar com um bloco de notas físico ou eletrônico, mas anote tudo o que precisa resolver, bem como as ideias e os *insights* que a sua mente produz ao longo do dia.

Uma das maiores angústias causadas pela procrastinação é justamente o sentimento de ter sido dominado por uma rotina improdutiva, incapaz de gerir bem o tempo ou organizar as prioridades e focar no que, de fato, fará diferença na vida. Um dos segredos para combater esse desequilíbrio é pensar de modo setorizado. Por exemplo, se você conseguiu concluir as tarefas profissionais, mas não conseguiu cuidar da saúde (tempo de exercícios físicos, treinos, horários de suplementações, etc.), provavelmente terá resolvido um setor da vida diária, mas procrastinado em outros. Por isso, é bom você ter sua rotina ideal organizada por escrito.

Robb Thompson[1] fala de um método utilizado por ele em sua organização pessoal de tarefas para o dia seguinte que também pode ajudar você. Ele chama essa técnica de Método ABC. Tudo o que ele precisa fazer no dia seguinte é organizado em uma planilha entre os grupos A, B e C. As tarefas do grupo A são as realmente importantes, que não podem, em hipótese alguma, ser postergadas. As tarefas do grupo B são questões que ele deve resolver, mas cujas consequências, caso não sejam executadas em um primeiro momento, não são tão grandes como as das tarefas do grupo A. Já as tarefas do grupo C são em geral atividades que ele precisa e deseja fazer, mas que não têm um impacto imediato; a regra central é: nunca faça uma tarefa B antes de uma tarefa A e nunca faça uma tarefa C sem ter feito uma tarefa B. Priorize o que é mais necessário!

Em resumo, se conseguir organizar as tarefas e demandas que inevitavelmente você precisará cumprir no dia e anotá-las para poder acompanhá-las, você recuperará o sentimento de uma vida produtiva, e a nova rotina o auxiliará a criar um hábito de organização e execução, que é fundamental para quem precisa vencer a procrastinação.

[1] Robb Thompson é um autor, televangelista e pastor americano. Nascido em 1953 em Oak Lawn, Illinois, Thompson é o fundador e presidente da Family Harvest International, uma rede mundial de congregações cristãs. Ele também é o fundador da Family Harvest Church em Tinley Park, Illinois.

Considere a Lei de Parkinson

A Lei de Parkinson é um conceito desenvolvido por Cyril Northcote Parkinson,[2] em 1955, e ensina que você sempre usará todo o tempo limite de uma tarefa. Parkinson ensinava que toda tarefa que você precisar fazer acabará usando todo o tempo que lhe foi dado até sua conclusão, independentemente do tamanho do trabalho ou do tempo que seria preciso para que aquilo fosse realizado.

Então imagine que alguém lhe diz que você tem 24 horas para entregar uma redação, certamente você terá a redação pronta no dia seguinte, mas imagine que seja dado o prazo de uma semana para fazer a mesma redação, dificilmente você terá concluído essa redação até amanhã, mas será empurrado para deixar passar toda essa semana e se concentrará na conclusão dela apenas nos dias finais. Isso acontece porque a mente humana sempre se programa para fazer depois.

Então, segundo Parkinson, independentemente do tamanho da tarefa, sempre seremos tentados a usar todo o tempo disponibilizado, fazendo com que a tarefa se estenda e preencha todo o tempo a ser utilizado.

Infelizmente, esta acaba sendo também uma das principais causas da procrastinação. Quem nunca adiou um projeto

[2] Cyril Northcote Parkinson foi um historiador e autor britânico, conhecido por formular a Lei de Parkinson. Nascido em 1909 em Barnard Castle, Inglaterra, Parkinson teve uma carreira acadêmica distinta, a qual incluiu a publicação de cerca de 60 livros. Ele também é notável por seus trabalhos em ficção histórica, como a série sobre Richard Delancey e o livro *The Life and Times of Horatio Hornblower*.

até o último instante, mesmo sabendo que levaria apenas pouco tempo para concluí-lo? Na verdade, prazos nem sempre aumentam a nossa produtividade, mas entender como a nossa mente se comporta diante deles e encontrar formas de melhor aproveitá-los é que aumenta o nosso nível de produção.

Por isso, uma das coisas que a Lei de Parkinson nos ensina sobre vencer a procrastinação é que precisamos aprender a colocar prazos menores em nossa mente para fazermos aquilo que precisa ser feito.

Isole as distrações

Uma das principais prioridades a serem adotadas por quem precisa vencer a procrastinação é diminuir a possibilidade de que a sua atenção seja roubada repentinamente. Por exemplo, você parou para ler um texto e precisa de pelo menos 30 minutos de atenção; nesse caso, não poderá haver gatilhos de distrações no seu entorno: deixe o celular no silencioso (ou o deixe bem longe de você para que nenhuma notificação o desconcentre); leia em uma posição que não lhe cause sono (nunca leia deitado; procure ficar sentado em posição de estudo com as costas bem apoiadas); desligue a televisão; escolha um lugar silencioso, como, por exemplo, um escritório ou uma área menos transitada; enfim, diminua as possibilidades de que a sua atenção seja **roubada**, isolando as distrações.

O objetivo da distração é impedir que você faça o que precisa resolver. Por isso, para vencer a procrastinação, precisamos

Precisamos aprender a colocar prazos menores em nossa mente para fazermos aquilo que precisa ser feito.

ser seletivos. Isso exigirá de você a capacidade de saber renunciar coisas até boas para que não se perca as que, de fato, são essenciais.

O tempo não pode ser desperdiçado; antes, precisa ser usado a nosso favor. Do mesmo modo, não podemos deixar que o futuro seja empurrado para ser escrito depois; portanto, vença suas distrações.

Não permita que o urgente roube você daquilo que é importante

Esta tem sido uma das maiores chaves daqueles que têm conseguido administrar bem a própria vida. A palavra "importante" vem do latim e significa "trazer para dentro". É uma expressão muito usada na linguagem comercial, no setor de importações e exportações. Quando um produto é exportado, ele é enviado de um país para o exterior, mas quando se importa um produto, ele é trazido de fora para dentro do território nacional. Ou seja, importante é aquilo que precisa estar perto!

Algum tempo atrás, li o relato de um bilionário norte-americano que decidiu dedicar 30 dias para se concentrar apenas em questões pessoais. Durante esse período, ele focou em passar mais tempo com a esposa e os filhos, cuidar melhor da saúde, analisar com mais atenção suas emoções e avaliar seus sonhos e realizações; enfim, priorizou aquilo que, de fato, faz diferença na vida.

Durante aqueles 30 dias ele não abriu a caixa de e-mails da sua empresa nem se envolveu com nenhuma atividade profissional — outras pessoas já haviam sido delegadas para fazer isso. Seu tempo e atenção seriam dedicados apenas ao cuidado da sua família, saúde e emoções. Esta era sua única prioridade para aquele período.

No fim daqueles 30 dias, ele decidiu verificar quais tinham sido as demandas enviadas a ele por e-mail. Para sua surpresa, descobriu que mais de 90% delas eram problemas que se resolviam sozinhos ou que não precisavam necessariamente da sua intervenção direta. Sua grande lição daquele período foi que, se ele tivesse se envolvido em todas aquelas urgências, elas o teriam roubado de cuidar do que, de fato, era importante: sua família, saúde e emoções. A lição daquela experiência foi: não deixe que aquilo que é urgente o roube daquilo que é importante.

O mundo está repleto de urgências. Em todo momento, inúmeras situações chegam até nós e sugam as nossas energias e disposição; mas não se confunda, essas coisas nem sempre são importantes! As coisas importantes da vida são as que, se você falhar em priorizar e cuidar hoje, trarão consequências terríveis amanhã. São as que se não forem atendidas hoje, podem fazer falta amanhã. A sua família é importante. A sua saúde é importante. O seu relacionamento com Deus é importante. A gestão pessoal dos seus sonhos e das suas emoções importa, pois se essa engrenagem falhar, a vida entrará em colapso.

Mais de 70% da qualidade do seu futuro dependerá em grande parte de dois fatores: da sua saúde física e da sua saúde emocional. Se você negligenciar isso hoje, amanhã pode ser tarde demais para recuperar o tempo perdido. Reorganize suas emoções!

As coisas importantes da vida são as que, se você falhar em priorizar e cuidar hoje, trarão consequências terríveis amanhã.

Capítulo 3

Aprenda sobre gestão do tempo

TEMPO.

Você já entendeu
o valor dessa palavra?

O tempo é o bem mais valioso do mundo. Se você perguntasse a um bilionário com 95 anos de idade se aceitaria voltar aos 25 anos em troca de abrir mão de toda a sua fortuna, ele certamente aceitaria, porque a verdade é que poucas coisas valem mais que o tempo.

Lembro-me de uma entrevista feita há alguns anos com a secretária de um dos homens mais ricos do mundo. O entrevistador perguntou a ela: "Em que momento ele acorda e inicia o dia?". Ela respondeu: "Sempre antes do nascer do sol, pois entendeu que um dos únicos recursos que o seu dinheiro não pode comprar é o tempo".

Gosto muito de uma frase atribuída ao célebre pregador norte-americano Jonathan Edwards,[1] que, ao comentar sobre

[1] Jonathan Edwards (1703-1758) foi um teólogo e pregador influente na América colonial, nascido em 1703 em East Windsor, Connecticut. Ele é amplamente conhecido por seu papel no Grande Despertar, um movimento de avivamento religioso no século XVIII, e por suas obras teológicas que combinam filosofia e religião. Edwards acreditava que o trabalho de redenção divina estava em constante progresso e que a glória de Deus era o objetivo final da criação. Ele também era defensor

Jesus ter ressuscitado nas primeiras horas do domingo pela manhã, disse: "Jesus poderia ter ressuscitado em qualquer momento do dia. Poderia ter ressuscitado na hora do almoço, pela tarde ou ao anoitecer, mas, ao ressuscitar bem cedo, ele estava dizendo que não queria perder nenhum instante sequer daquele dia".[2] Cristo valorizava a importância do tempo!

Um dos grandes desperdícios da humanidade em nosso tempo tem sido exatamente não saber aproveitar bem a preciosidade do tempo. Permita-me propor uma rápida reflexão. Imagine que você recebesse uma ligação do gerente do seu banco e ele o informasse que você havia sido contemplado em um sorteio que premiava um cliente da agência com um prêmio diário e vitalício de R$ 1.440,00. Uau!

No entanto, ao chegar à agência para realizar a confirmação de tal contemplação, o banco o informa que havia apenas uma restrição: esse saldo diário não poderia ser sacado e não era acumulativo de um dia para o outro! Você receberia um cartão de débito e poderia usar o seu saldo apenas naquele dia, pois no fim do dia um novo valor seria disponibilizado, mas o restante do saldo anterior seria retirado.

Isso certamente levaria você a se reorganizar e planejar bem como aquele recurso diário seria aproveitado, correto?

Você gostaria que isso acontecesse com você e que esse banco existisse? Você sabia que ele existe e se chama vida? E que

---

do puritanismo e da ideia de que a beleza estética poderia aproximar as pessoas de Deus.

[2] EDWARDS, Jonathan. **The End for Which God Created Man**. Trigian, 2023, p. 86.

Cristo valorizava a importância do tempo!

1.440 é o número exato de minutos que Deus nos dá gratuitamente para viver todos os dias? A grande questão é: como você tem usado seu tempo?

O apóstolo Paulo nos faz uma excelente recomendação sobre vivermos "remindo o tempo, porque os dias são maus" (Efésios 5.16, ARA). Há uma observação fantástica aqui sobre "remir o tempo". O termo grego usado para "remir" é *exagorazo*, que fala sobre remissão/redenção e significa literalmente "resgatar o tempo". A ideia que Paulo desenvolve nesse texto diz respeito a resgatar todo o tempo possível, entendendo que, devido às dificuldades crescentes deste mundo, as pessoas sempre acabarão desperdiçando o tempo do qual dispõem.

Quase todo mundo já enfrentou o sentimento de chegar ao fim de um dia e dizer: "Parece que o dia foi perdido, pois não consegui fazer nada hoje". Das 24 horas passadas, se pelo menos quatro delas tivessem sido mais bem aproveitadas, teríamos tido 240 minutos de produção e criação — o tempo teria sido remido. Talvez esses minutos tenham sido deixados em uma viagem de carro em que você não era o condutor, ou navegando na internet; ou, quem sabe, em uma cadeira esperando uma consulta médica.

Contudo, imagine se, durante esses 240 minutos, você tivesse aproveitado para ouvir uma palestra com algum especialista em um tema ou um *podcast* sobre alguma área que você tem buscado conhecer melhor ou, então, se tivesse lido um livro enquanto esperava no consultório médico. Sabe o que teria feito? Você teria recuperado esse tempo!

Esta é a ideia que Paulo está sugerindo ali sobre saber remir o tempo. É conseguir reaproveitar e resgatar, com uma proposta construtiva, uma porção do tempo que provavelmente teria sido perdido.

A grande chave da vida está em entendermos que não conseguiremos fazer tudo; por isso, teremos de priorizar o que for primordial. Salomão sabiamente escreveu que há um tempo determinado para todo propósito debaixo do céu (cf. Eclesiastes 3.1). Repare que ele não disse que haverá tempo para tudo, mas sim que haverá tempo para cada propósito. Talvez a grande loucura seja tentar fazer tudo sem priorizar o que está conectado com o nosso propósito. Quando perdemos a visão clara do propósito para o qual nascemos, facilmente desperdiçamos nosso precioso tempo tentando fazer além daquilo que seria suficiente.

Há um entendimento muito rico nesse versículo relacionado à ideia de propósito. A palavra "propósito" aqui é o termo hebraico *chephets*, que significa "deleite", "prazer", "aquilo que traz satisfação". Isso é muito sugestivo, pois normalmente quando falamos sobre propósito, pensamos apenas em desígnio, missão e destino, mas a ideia bíblica para propósito é a ideia de prazer, deleite e alegria. Em outras palavras, o texto indiretamente nos pergunta: "Você quer mesmo saber se algo faz parte do seu propósito?". Isso deverá lhe trazer alegria, satisfação, leveza e prazer! Seu propósito não lhe trará pesar, amargura e perda de sentido da vida; pelo contrário, levará você a encontrar o verdadeiro sentido da vida, e isso se converterá em satisfação.

Por onde está sendo desperdiçado seu tempo?

O dinheiro e o tempo são dois recursos que, se não forem bem administrados, dificilmente podem ser recuperados.

Inúmeras pesquisas confirmam que as pessoas que anotam todos os seus gastos conseguem ter uma administração financeira melhor. A mesma dinâmica também vale para a gestão do tempo.

Do mesmo modo que você organiza em que gastará seu dinheiro, também precisa organizar como gastará seu tempo. Daí a importância de fazer um planejamento; anotar as tarefas mais importantes que você precisa realizar naquele dia e numerá-las em ordem de importância.

A gestão do tempo não é um passe de mágica, mas fruto de organização. Separe tempo para estar com Deus e para atualizar a sua mente com relação ao seu desenvolvimento pessoal. Faça uma planilha de prioridades. Cinco minutos gastos para planejar seu dia poderá lhe fazer economizar horas preciosíssimas no decorrer dele. Quem falha em planejar, inconscientemente planeja falhar. O desenho do futuro da nossa vida sempre está escondido em meio à nossa rotina diária.

A grande maioria das pessoas, do mesmo modo que não anota em que gasta seu dinheiro, e no fim do mês não sabe onde foram colocados todos os recursos que em algum momento passaram pela sua mão, também não sabe como e onde está deixando seu tempo.

Quando as pessoas não sabem como e com o que gastaram seu dinheiro, elas começam a pensar que não têm o suficiente. Isso também acontece com a gestão do tempo. A maioria delas gasta grande parte do tempo em coisas que não são importantes; isso sempre acontece porque as pessoas confundem em que, de fato, devem dedicar tempo e quanto tempo devem dedicar. Tenha um limite de tempo para cada situação.

Quando perdemos a visão clara do propósito para o qual nascemos, facilmente desperdiçamos nosso precioso tempo tentando fazer além daquilo que seria suficiente.

Durante uma semana, mapeie seu cronograma diário. Submeta sua vida a uma análise criteriosa de como você está gastando seu tempo, pois a forma como você gasta seu tempo é o retrato de para onde você está guiando a sua vida.

Robb Thompson magistralmente ensina: "Tanto para pessoas excelentes, como para pessoas medíocres, para ambas, Deus confiou 24 horas por dia. O que os transformou em excelentes e medíocres foi justamente o que eles fizeram com essas 24 horas".[3]

Michael Leboeuf[4] dizia: "Desperdice seu dinheiro e você somente ficará sem dinheiro, mas desperdice seu tempo e você terá perdido boa parte da sua vida".[5] Como disse Benjamin Flanklin:[6] "Desperdice seu tempo e você estará desperdiçando a sua vida, pois a vida é feita de tempo".[7]

Gestão de tempo e produção financeira sempre caminharam juntos. Diante disso, o desperdício do tempo que não está

---

[3] THOMPSON, Robb. **Passaporte para a promoção**. Central Gospel, 2012, p. 46.

[4] Michael LeBoeuf é um autor americano e professor emérito de gestão na Universidade de Nova Orleans. Ele é conhecido por seus livros sobre negócios e desenvolvimento pessoal, como *The Greatest Management Principle in the World* e *How to Win Customers and Keep Them for Life*. LeBoeuf também é um palestrante e consultor que oferece seminários sobre gerenciamento de tempo e eficiência empresarial. Seus trabalhos frequentemente se concentram em estratégias práticas para melhorar a produtividade e o bem-estar financeiro.

[5] LEBOEUF, Michael. **Imagineering**. McGraw Hill, 1982, p. 74.

[6] Benjamin Franklin foi um dos *Founding Fathers* (Pais Fundadores) dos Estados Unidos e uma figura na história americana que se destacou como impressor, cientista, inventor, diplomata e estadista. Nascido em 1706 em Boston, Massachusetts, Franklin foi fundamental na fundação da primeira biblioteca pública e da Universidade da Pensilvânia. Suas invenções incluem o para-raios, o fogão Franklin e os óculos bifocais. Ele também desempenhou um papel crucial na diplomacia americana, negociando o apoio francês durante a Revolução Americana e ajudando a redigir o Tratado de Paris em 1783, que pôs fim ao conflito com a Grã-Bretanha. Além disso, Franklin foi um dos signatários da Declaração de Independência e da Constituição dos Estados Unidos

[7] FRANKLIN, Benjamin. **The Autobiography of Benjamin Franklin**. Fingerprint Publishing, 2015, p. 115.

sendo bem aproveitado pode ser a maior explicação para a ausência do dinheiro que você ainda não conquistou.

Uma das coisas que todos precisamos entender é que dinheiro é a recompensa para a solução de um problema. Um advogado, por exemplo, é pago para dar uma solução jurídica a uma causa. Um motorista de táxi é pago para solucionar um problema de mobilidade. Um médico é pago para solucionar ou amenizar um problema de saúde. Um eletricista é pago para resolver um problema elétrico. Alguém paga para comer em um restaurante para resolver um problema momentâneo relacionado à fome. Ou seja, a quantidade de dinheiro que alguém tem quase sempre é proporcional à quantidade de problemas que resolveu. E isso acontece justamente porque o tempo se converte em agente de resolução de problemas e o dinheiro é a recompensa para quem o soluciona.

Há centenas de pessoas em sua cidade nesse momento que estão com problemas distintos a serem resolvidos, e você precisa saber como pode criar soluções para elas, e em troca disso elas monetizarão você pelo seu tempo empregado nisso, porque dinheiro é apenas o salário de alguém que resolveu um problema, e você pode investir seu tempo nisso.

Além disso, solucionar um problema é servir às pessoas, e o seu serviço aos outros é que se transformará na riqueza pessoal que você busca obter. Nunca se esqueça de que você será lembrado ou pelos problemas que criou ou pelos problemas que resolveu. A vida recompensa quem resolve problemas.

Nunca se esqueça de que você será lembrado ou pelos problemas que criou ou pelos problemas que resolveu.

A vida recompensa quem resolve problemas.

Não dê o seu tempo a pessoas que não sabem valorizá-lo

Gosto muito da ideia que Robb Thompson desenvolve a esse respeito: "Se você não transmitir aos outros que o seu tempo é valioso, eles quase sempre o desperdiçarão".[8] Em contrapartida, no momento em que percebem que você valoriza cada minuto, também começarão a respeitá-lo. Quando tiverem a oportunidade de estar na sua companhia, serão claros e diretos, porque sabem que o seu tempo é precioso.

Você já deve ter percebido que as pessoas que não se importam em desperdiçar o tempo delas normalmente não se preocupam também em valorizar o dos outros. Então, já que as pessoas não protegem o próprio tempo, você precisa proteger o seu.

John Maxwell[9] fala algo interessante sobre isso: "Você não precisa merecer o meu amor, pois isso é um mandamento, mas você precisa merecer o meu tempo".[10] Trate a todos educadamente

[8] THOMPSON, Robb. **Passaporte para a promoção**. Central Gospel, 2012, p. 24.

[9] John C. Maxwell é um autor, palestrante e pastor americano, conhecido por seus trabalhos sobre liderança. Nascido em 1947 em Garden City, Michigan, Maxwell é autor de mais de 50 livros, muitos dos quais abordam a importância do desenvolvimento de habilidades de liderança e o impacto positivo que estas podem ter tanto em contextos pessoais quanto profissionais. Entre suas obras mais conhecidas estão *As 21 irrefutáveis leis da liderança* e *As 21 qualidades indispensáveis de um líder*. Ele é fundador de diversas organizações, incluindo a Maxwell Leadership Foundation e EQUIP, que visam treinar líderes globalmente. Maxwell já vendeu mais de 35 milhões de livros, traduzidos para mais de 70 idiomas.

[10] MAXWELL, John. **Good Leaders Ask Great Questions**. Center Street, 2014, p. 227.

e bem, mas dê o seu tempo apenas a pessoas que, de fato, saberão valorizá-lo e que farão bom uso dele. Não gaste seu tempo com pessoas ou ambientes que não o levarão a uma jornada de crescimento, mas proteja o que é seu. Por isso, não deixe o seu precioso tempo em ambientes e companhias que não se parecem em nada com o futuro que deseja ter, pois as pessoas não valorizarão seu tempo, a menos que você o proteja.

A forma como você usa seu tempo determina quem você será! Pesquisas recentes evidenciaram que o uso intencional do período que vai das 18 até as 21 horas contribuiu de forma significativa para um impacto evolutivo entre as pessoas que mais se desenvolvem do que para aquelas que permanecem estagnadas. As pessoas de mente criativa e empreendedora usam esse tempo para aprender uma nova habilidade, exercitar o corpo, estudar ou ler sobre determinado assunto, ao passo que a grande maioria das pessoas usa esse mesmo período para assistir televisão, navegar sem rumo na *internet* e viver com a mente vazia, deixando inconscientemente o tempo passar sem lhes trazer benefício algum.

Cada minuto vivido leva você para mais perto ou mais longe dos seus objetivos. A pergunta é: como você está usando seu tempo?

Já que as pessoas não protegem o próprio tempo, você precisa proteger o seu.

Capítulo 4

Supere as suas desculpas

Você já parou para pensar que pode estar deixando de viver as suas maiores experiências e conquistas apenas por acreditar nas suas desculpas?

Em alguns momentos, a mente humana sempre tentará nos sabotar. Thomas Edison,[1] o famoso criador da lâmpada, disse certa vez: "Muitas pessoas que fracassaram na vida não perceberam quão perto estavam do sucesso no exato momento em que desistiram".[2] Saber identificar e resolver internamente as próprias desculpas é um exercício necessário para quem não deseja parar por causa delas.

Nossas desculpas por vezes residem na ilusão de querer ter todas as certezas e dar todas as respostas às nossas perguntas.

---

[1] Thomas Alva Edison foi um dos inventores mais prolíficos da história americana, detentor de 1.093 patentes em várias áreas, como iluminação elétrica, som e imagem em movimento. Nascido em 1847 em Milan, Ohio, Edison desenvolveu invenções icônicas como o fonógrafo e a lâmpada elétrica incandescente. Ele estabeleceu o primeiro laboratório industrial de pesquisa em Menlo Park, Nova Jersey, onde criou um ambiente colaborativo para o desenvolvimento de novos produtos.

[2] BENNETT, Arnold. **Como viver 24 horas por dia**. Princípios, 2021, p. 55.

Isso nunca acontecerá! A vida não tem a ver com ter todas as certezas, mas com saber a direção. Há respostas que só encontraremos daqui a alguns anos, e outras que daqui alguns anos você perceberá que não faria diferença alguma tê-las ou não tê-las. Você não pode deixar que sua vida pare no tempo só por você não ter todas as certezas que gostaria.

Às vezes, tudo o que você precisa ter para começar sua jornada é coragem e fé. Em muitas situações, você dará o primeiro passo confiando que Deus estenderá o chão à sua frente. Você se moverá apenas pela convicção de que aquela é a direção a ser seguida em determinado momento, ainda que não saiba explicar o porquê. Isso é viver pela fé: que é o firme fundamento daquilo que você ainda não vê, mas que já começou a existir — é a certeza daquilo que esperamos e a prova das coisas que ainda não são palpáveis (cf. Hebreus 11.1).

Joel Barker[3] chegou a afirmar: "Aqueles que acreditam que algo não pode ser feito geralmente são superados e ultrapassados por outros que acreditam e fazem".[4] Nem sempre os que vencem são os melhores; às vezes, os vencedores são os mais resilientes. Gosto da explicação de que resiliência é a capacidade de voltar ao estado normal depois de grandes pressões.

---

[3] Joel Barker é um autor americano, reconhecido por popularizar o conceito de "mudança de paradigma" no mundo corporativo. Ele iniciou seu trabalho em 1975, antes do qual interagiu com pensadores visionários na América do Norte e Europa. Barker destacou a importância de paradigmas e visões para entender e promover mudanças revolucionárias nas organizações e na sociedade. Entre seus trabalhos mais influentes estão o livro *Future Edge* e o vídeo "The Power of Vision", que contribuíram significativamente para a compreensão de como as mudanças de paradigma podem impactar os negócios e a sociedade.

[4] NOLAN, Brian; VAN LIER, B. **31 Brilliant Ideas**. What Design Can Do, 2016, p. 97.

Imagine, por exemplo, uma garrafa de plástico que, ao ser pressionada, é completamente amassada. Se, na sequência, você assoprar no interior dela, em questão de poucos minutos voltará à capacidade normal. Isso é resiliência. É se recompor e recuperar novamente a plenitude da própria utilidade.

Existem muitas pessoas talentosas, mas estagnadas porque desistiram diante das pressões. Inúmeras pessoas têm um alto potencial, mas não alcançam novos patamares porque desistem diante dos embates. Muitos com excelente formação profissional não chegaram longe exatamente por terem dificuldade de aceitar a nova formatação que a vida lhes tentou impor.

Você precisa viver isso de modo diferente. A sua perseverança o recompensará mais ao longo dos anos do que a sua qualificação. Ou seja, você precisa unir qualificação e persistência, porque somente a primeira opção não será suficiente. Esse é um dos motivos pelos quais você precisa parar de acreditar em suas desculpas!

A verdade é que você nunca sabe o que é capaz de fazer até que se lance nisso por inteiro. Existe uma analogia sobre a vida que considero incrível a esse respeito: "Há uma pessoa idosa dentro de você. Chegará o dia em que você acordará e, quando for escovar os dentes e se olhar no espelho do seu banheiro naquela manhã, naquele dia você estará completando 70 anos de idade. Sabe o que verá no espelho naquele dia? Uma pessoa idosa! Sabe onde essa pessoa está agora? Dentro de você lendo este livro! O grande problema é que você só se encontrará com essa pessoa daqui a alguns anos. Não a decepcione com uma vida que só entregou a metade do que poderia ter feito hoje".

As três desculpas nas quais mais acreditamos!

Das centenas de desculpas que costumeiramente sempre ouvimos das pessoas, existem três que com muita frequência sempre são vistas!

Os evangelhos nos contam o glorioso relato da multiplicação dos pães e peixes realizada por Jesus. Tanto Mateus como Marcos, Lucas e João nos falam sobre detalhes que aconteceram naquele dia. Jesus fez uma pergunta a Filipe sobre onde conseguiriam pães para alimentar toda a multidão (cf. João 6.5), e a resposta dos discípulos apresentou três possíveis problemas que poderiam impedir que a multidão fosse alimentada:

- **Primeira:** o *lugar* — "Este é um lugar deserto" (cf. Mateus 14.15).
- **Segunda:** o *tempo* — "Já está ficando tarde. Manda embora a multidão para que possam ir aos povoados comprar comida" (Mateus 14.15).
- **Terceira:** a *falta de dinheiro* — "Duzentos denários não comprariam pão suficiente para que cada um recebesse um pedaço" (João 6.7).

Guarde isto: nossas desculpas sempre estarão atreladas ao lugar, ao tempo e ao dinheiro. As pessoas sempre dizem: "Este lugar não é bom"; "Aqui nunca ninguém deu certo"; "O ambiente aqui não ajuda"; "Nada cresce aqui". Ou então: "Pena que não tenho tempo"; "Como queria ter entendido isso antes quando era mais jovem!"; "Agora já não dá mais!". Ou ainda: "Ah, se tivesse condições"; "Se alguém conseguisse me patrocinar", "Como seria bom se tivesse dinheiro para ir"; "Só não participo porque não tenho esse valor".

Você precisa vencer suas desculpas!

O **lugar** pode até influenciar, mas não é o único fator determinante. É você quem se desenvolve primeiro, e daí desenvolve o lugar. É você quem cria um novo lugar no mesmo lugar. Quando você cresce, o lugar cresce na mesma proporção. Mais importante do que o ambiente de onde veio, ou o ambiente onde está, é a realidade que você pode construir.

Deus transforma pessoas para que possam transformar lugares! Isso aconteceu com Jacó. Em Gênesis 32.28, Deus muda o nome de Jacó para Israel, mas dois versículos depois, em Gênesis 32.30, "Jacó chamou aquele lugar de Peniel, pois disse: Vi a Deus face a face, e a minha vida foi poupada" (AEC). Primeiro Deus mudou o nome de Jacó, depois Jacó mudou a identidade do lugar, porque Deus muda as pessoas para que elas possam mudar os lugares! Portanto, a realidade do lugar não pode ser uma desculpa para você.

Você também não pode permitir que a **falta de dinheiro** o impeça de pelo menos começar. O tempo nos ensina que precisamos mais de coragem do que de dinheiro, pois existem mais pessoas sem coragem, frustradas por não terem conseguido avançar, do que pessoas que não começaram por falta de dinheiro.

Para todo empreendimento de sucesso, alguém teve de tomar uma atitude de coragem. Todos os relatos de pessoas que vieram de baixo e venceram na vida sempre tiveram uma coisa em comum: pouco dinheiro e muita coragem! Poucas pessoas conseguem começar com condições favoráveis e recursos abundantes; a grande maioria, porém, inicia sendo surpreendida por Deus com milagres que foram consequência e recompensa de uma medida inexplicável de fé e coragem. Você não pode deixar que a falta de dinheiro seja uma desculpa para começar. Se tiver coragem e der os primeiros passos, Deus conectará você com pessoas que o ajudarão até que consiga se estabilizar, mas você precisa começar!

A **idade** também não pode ser uma desculpa — ainda dá tempo! Há uma curiosidade entre os ganhadores do Prêmio Nobel: a grande maioria deles tem mais de 60 anos de idade. A média de idade dos vencedores do Nobel de Economia varia em torno de 67 anos. Leonid Hurwicz,[5] por exemplo, ganhou o Nobel de

[5] Leonid Hurwicz foi um economista russo-americano, reconhecido por seu trabalho na teoria dos jogos e *design* de mecanismos, pelo qual recebeu o Prêmio Nobel de Economia em 2007, juntamente com Eric S. Maskin e Roger B. Myerson. Nascido em Moscou em 1917, Hurwicz e sua família se mudaram para a Polônia após a Primeira Guerra Mundial. Ele iniciou seus estudos em direito na Universidade de Varsóvia e posteriormente continuou sua formação na London School of Economics e no Graduate Institute of International Studies, em Genebra. Durante a Segunda Guerra Mundial, Hurwicz emigrou para os Estados Unidos, onde trabalhou como assistente de pesquisa no MIT e na Universidade de Chicago. Em 1951, ele se

Mais importante do que o ambiente de onde veio, ou o ambiente onde está, é a realidade que você pode construir.

Economia em 2007 aos 90 anos de idade. A média mais baixa é a do Nobel de Física, e, mesmo assim, é em torno de 55 anos. Dificilmente na vida as coisas acontecem no momento que queremos.

Na verdade, a crise do **tempo** vai nos assolando ao longo dos anos, e tenho a impressão de que, a cada década, ela se agrava a partir dos 30 anos. A crise dos 30 costuma ser a crise de propósito — a pessoa se questiona sobre o que fará da vida, como gastará os dias, para que, de fato, nasceu. É o momento em que a pessoa começa a sentir a velocidade do tempo avançando à medida que os filhos crescem.

Já a crise dos 40 em geral é a crise da consolidação. Entre os 40 e 50 anos nos deparamos com a década de ouro da grande maioria das pessoas. É a fase na qual normalmente a pessoa começa a alcançar certa estabilidade e consegue produzir algo mais sólido. Costuma ser também uma década de reflexão, pois quase sempre é a fase em que as pessoas queridas, que fizeram parte da nossa infância, como, por exemplo, membros da família e amigos, costumam concluir sua trajetória; o resultado é que passamos também a nos conectar através dela com a realidade das décadas finais da vida. Aos 40 anos, a pessoa se questiona sobre o que, de fato, tem valor na vida.

A crise dos 50 costuma ser a crise da readaptação. É a fase que amansa o homem. Netos começam a chegar, e a vida abre caminho como se nos desse uma nova oportunidade para

juntou ao corpo docente da Universidade de Minnesota, onde desenvolveu a teoria de *design* de mecanismos, que se concentra em criar sistemas que incentivem os participantes a agir de forma a alcançar resultados socialmente desejáveis, mesmo quando possuem informações assimétricas.

reviver as emoções da fase dos 30. Nessa fase, costuma-se querer ter mais paz do que razão. As discussões perdem o sentido, pois começa-se a perceber que não vale a pena ganhar argumentos e perder pessoas. É como se a vida estivesse se recompondo emocionalmente para a jornada final.

No entanto, tenho percebido também que há ainda outra crise aos 60 — é a crise da fase decisiva. É a fase na qual entram em choque duas ideias: primeira, não posso mais me dar ao luxo de cometer alguns erros e assumir tantos riscos; segunda, também não posso deixar que os próximos anos se passem sem que tente ir em busca daquilo que sonhei, mas ainda não vivi. Saber até onde correr certos riscos é algo que se costuma buscar com muita frequência nesta fase. É o sentimento de: "Ainda tenho um sonho! Talvez a última oportunidade de vivê-lo seja agora".

Muitas pessoas nessa fase costumam se lançar para viver o que sempre quiseram para a vida pessoal e profissional, mas nunca tiveram coragem. Nessa fase, Salomão, por exemplo, orientou que o ser humano deveria aproveitar a vida, sem se esquecer de algo:

"Tema a Deus [...]. Pois Deus trará a julgamento tudo o que foi feito" (Eclesiastes 12.13-14).

É depois dessa fase que entramos no ciclo da velhice, quando a vida costuma coroar quem soube viver bem cada um dos ciclos anteriores. Talvez por esse motivo a grande maioria dos prêmios Nobel se alcance com essa idade — é o reconhecimento público de alguém que teve dedicação total à vida.

Gosto muito da história de Harland David Sanders,[6] ou, como é conhecido, Coronel Sanders, que foi o fundador da franquia KFC. Sanders foi um grande exemplo de superação, perseverança e resiliência para todos os que desejam empreender e acham que é tarde demais porque o tempo já passou. Para ele, nunca era tarde para recomeçar!

Nascido em 1890, viveu a Grande Depressão financeira dos Estados Unidos, de 1929, e as duas Grandes Guerras Mundiais, em 1914-1918 e 1939-1945. Aos 10 anos já trabalhava em uma fazenda; foi pintor de carroça, motorista de ônibus de transporte público e ferreiro de uma companhia de trem. Cursou e formou-se em direito, mas sua breve carreira como advogado terminou depois de brigar fisicamente com um cliente dentro da corte no tribunal. Após isso, voltou a trabalhar em uma companhia ferroviária, trabalhou como vendedor de

[6] Harland David Sanders, mais conhecido como Coronel Sanders, foi o fundador do famoso restaurante de *fast-food* Kentucky Fried Chicken (KFC). Nascido em 9 de setembro de 1890, em Henryville, Indiana, Sanders abandonou a escola na sétima série e trabalhou em diversas profissões antes de abrir seu próprio restaurante em Corbin, Kentucky, onde desenvolveu sua receita icônica de frango frito usando uma combinação secreta de 11 ervas e especiarias. Em 1935, ele recebeu o título honorário de "Coronel" do governador de Kentucky. Em 1964, vendeu a empresa, que já contava com mais de 600 franquias nos Estados Unidos e no Canadá, por 2 milhões de dólares, mas continuou a servir como embaixador da marca até sua morte em 16 de dezembro de 1980, em Shelbyville, Kentucky.

seguros de vida e em seguida abriu uma companhia de transporte hidroviário, que operava uma pequena embarcação entre Jeffersonville (Indiana) e Louisville (Kentucky).

Nessa época, Sanders conseguiu até levantar uma boa quantidade de dinheiro e vendeu as ações da companhia de transporte, recebendo cerca de 22 mil dólares, o que na época era uma boa quantia. Resolveu então abrir uma empresa que produziria lâmpadas de acetileno, mas acabou falindo pouco tempo depois quando um concorrente lançou uma lâmpada elétrica. Nessa época, mudou-se para Winchester, no Kentucky, para trabalhar na fábrica de pneus da Michelin, mas, em 1924, a fábrica fechou, e ele foi demitido.

Depois, Sanders abriu um posto de gasolina e teve sucesso, até que precisou fechar o posto em 1930, por causa da Grande Depressão, que começou em 1929, levando todo o país a uma grande crise financeira. Após isso, a Shell ofereceu a ele um posto de gasolina em North Corbin, também no Kentucky, em troca de uma porcentagem nas vendas de combustível, e ele aceitou. Nesse posto, ele começou a vender pratos de frango e criou um hotel anexo ao posto para viajantes.

Em julho de 1939, ele adquiriu um hotel na Carolina do Norte, mas em novembro daquele ano o restaurante e o hotel em North Corbin pegaram fogo e precisaram ser reconstruídos. Um ano depois, em julho de 1940, Sanders terminou sua famosa "receita secreta de frango" e tudo parecia andar bem; no entanto, os Estados Unidos entraram na Segunda Guerra Mundial, o

Nunca era tarde
para recomeçar!

que fez com que os produtos fossem racionados para que não faltasse alimento no país, e isso, aliado ao retrocesso financeiro da guerra, levou-o a fechar o hotel da Carolina do Norte, ficando apenas com o restaurante.

Somente após tudo isso, em 1952, aos 62 anos de idade, Sanders decidiu franquear sua receita pela primeira vez, a um homem chamado Pete Harman,[7] em South Salt Lake, no estado de Utah. Harman era operador do maior restaurante da cidade, e a receita de Sanders foi um grande sucesso, com as vendas do restaurante crescendo mais de 75% em razão do frango frito. Isso fez com que Harman, por causa da nova receita, conseguisse se diferenciar dos outros restaurantes da região. Foi nesse tempo em Utah que se criou o nome KFC, a sigla para *Kentucky Fried Chicken*, que em português é Frango Frito Kentucky. O nome deu certo, e vários outros restaurantes começaram a franquear o produto pagando cerca de 4 centavos de dólar por frango vendido (que na época era um valor significativo por pedaço de frango).

Só que a vida de Sanders não ficou mais fácil depois disso. Aos 65 anos, ele teve de vender o restaurante de Kentucky por causa da mudança de uma rodovia, dando origem a uma queda

---

[7] Leon Weston "Pete" Harman foi um empresário americano conhecido por sua colaboração com o Coronel Harland Sanders para abrir a primeira franquia do Kentucky Fried Chicken (KFC). Nascido em 16 de janeiro de 1919, em Granger, Utah, Harman foi criado por sua tia após a morte de seus pais. Em 1941, ele e sua esposa, Arline, abriram o Harman Café, que se tornou o primeiro restaurante a servir o famoso frango frito do Coronel Sanders. Essa parceria foi fundamental para o crescimento do KFC, com Harman desempenhando um papel crucial no desenvolvimento do sistema de franquias, do uso do balde como embalagem e do lema "*finger-lickin' good*".

brusca no número de clientes no estabelecimento. O governo havia resolvido construir uma nova rodovia que levou o fluxo dos carros todos para lá, e um grande restaurante de outro proprietário foi construído nessa nova rodovia "secundária", atrapalhando assim o restaurante de Sanders.

Foi quando ele resolveu trabalhar pesado pela nova franquia que estava nascendo. Abriu um novo restaurante modelo e a sede da empresa em Shelbyville, também em Kentucky, e começou a viajar por todo o país para franquear seu produto. Sanders geralmente dormia no carro, visitava restaurantes, preparava o frango no lugar e oferecia sua receita e, caso as pessoas gostassem, negociava os direitos de franquia. Isso possibilitou que a marca começasse a crescer, e em pouco tempo foram as pessoas que começaram a procurar Sanders para franquear seu restaurante — o que mostrava o sucesso da empreitada. Ele abriu lojas no Canadá, Inglaterra, México e Jamaica em meados dos anos 1960. Quando se deu conta, em pouco tempo já havia mais de 600 localidades que vendiam seu frango.

Coronel Sanders faleceu em 1980, aos 90 anos de idade. Hoje o KFC está presente em mais de 120 países, com mais de 5.200 lojas. A rede KFC atende mais de 12 milhões de clientes por dia e serve mais de 1 bilhão de pedaços de frango por ano. Tudo isso porque alguém acreditou que ainda dava tempo!

A vida começou a dar certo para Sanders somente aos 62 anos de idade. Foram necessários 62 anos para Harland Sanders "dar certo da noite para o dia" — só que antes que esse "dia" chegasse já haviam passado 62 anos. Você precisa entender esta verdade: ainda dá tempo!

Comece pequeno, mas comece! Comece sem muita experiência, mas comece! Comece simples, mas comece! Comece devagar, mas comece! Comece com pouco, mas comece! Simplesmente comece! Não permita que as desculpas paralisem você! Tenha coragem e dê o primeiro passo! Comece!

Você precisa entender esta verdade: ainda dá tempo!

Capítulo 5

Desenvolva inteligência emocional

Uma análise histórico-relacional sobre o conceito de **inteligência.**

Nossa geração existe em uma das épocas mais desafiadores da História. O advento da internet, aliado à velocidade assustadora da globalização, tem feito com que tudo seja mais acessível e ao mesmo tempo também mais superficial. Hoje em dia, sabemos muito sobre uma diversidade de temas, mas não nos aprofundamos em quase nada, pois o nosso cérebro a todo tempo está sendo bombardeado por notícias e informações que dificilmente nos permitem concentrar e aprofundar em uma coisa só. O autoconhecimento é um caminho extremamente necessário para quem não deseja submergir diante das correntezas da era presente. Desenvolver inteligência emocional é imprescindível para quem almeja viver com mais lucidez e equilíbrio.

A inteligência é uma capacidade dada por Deus a todos os seres humanos; no entanto, também é uma habilidade que precisa ser desenvolvida. Creio que as pessoas às quais ouvimos e com quem nos relacionamos, aliadas à nossa dedicação e ao nosso modo de aproveitar e ressignificar a vida, são fatores que contribuem para que a inteligência humana seja mais bem desenvolvida.

Esse, por certo, foi o entendimento utilizado para a criação do termo QI. No ano de 1912, o psicólogo alemão Wilhelm Stern,[1] criou o termo QI, que é a abreviação de *quociente intelectual*, como instrumento de análise para o desenvolvimento mental. O QI de uma pessoa é medido pela análise da idade mental e a idade cronológica. Por exemplo, uma criança de 7 anos (idade cronológica) pode ter o desenvolvimento de raciocínio (idade mental) de um ser humano de 12 anos; portanto, seria uma pessoa de alto QI. Em contrapartida, uma pessoa de 25 anos pode ter o raciocínio de um adolescente de 12 anos, então seria uma pessoa de baixo QI. É desse modo que tem se medido o nível aparente de inteligência e raciocínio das pessoas ao longo do último século.

Uma área amplamente estudada nos nossos dias são os diferentes tipos de inteligência. Há pessoas que possuem uma inteligência que se expressa em sua boa capacidade de comunicação, embora sejam um pouco mais limitadas na capacidade de raciocínio e interpretação das situações da vida. Há outras que possuem uma inteligência que lhes proporciona uma habilidade para desenhar, outras para aprender idiomas, outras para tocar um instrumento musical, outras para desenvolver um esporte, e assim por diante.

É muito comum, por exemplo, vermos jogadores de futebol que não sabem se expressar muito bem na hora de uma

[1] Wilhelm Stern, nascido em 29 de abril de 1871, em Berlim, foi um psicólogo e filósofo alemão, conhecido por desenvolver o conceito de quociente de inteligência (QI) e por sua contribuição à psicologia personalista. Ele estudou a totalidade da pessoa, enfatizando a individualidade e a interação de traços de personalidade.

entrevista, mas quando estão desenvolvendo o seu esporte são praticamente insuperáveis naquilo que fazem. Isso acontece por causa do tipo de inteligência em que se destacam.

Entender isso é necessário para que possamos assimilar que as pessoas possuem características distintas de inteligência, e o fato de determinada pessoa não possuir uma habilidade específica não significa que ela não seja inteligente ou útil para a formação de uma equipe. Cada pessoa possui um nível diferente de inteligência.

Voltando ao conceito do QI, ao longo dos anos tem havido o debate entre dois grupos. O primeiro é representado por aqueles que acreditam que o QI de uma pessoa é um fator com o qual ela já nasce, ou seja, nasce com a predisposição para se tornar um "gênio" em determinada área; o segundo grupo acredita que essa desenvoltura não nasce "programada" na pessoa, mas seria algo relacionado com as circunstâncias que citamos antes (influência de pessoas, dedicação pessoal, etc.), que definiriam e interfeririam na capacidade de inteligência que uma pessoa pode desenvolver. Este é um debate interessante!

Como já mencionei anteriormente, penso que a inteligência é uma dádiva de Deus às pessoas e que necessariamente essa dádiva precisa ser desenvolvida, porém, se for negligenciada, pode também originar ao longo do tempo um retrocesso mental, impedindo que a pessoa utilize todo o seu potencial. No entanto, quando bem desenvolvida, a inteligência pessoal pode transformar seres humanos mortais em pessoas cuja obra e legado são imortalizados.

Gosto muito da ideia de que a pessoa que você será em dez anos dependerá muito das escolhas que você fizer, dos livros que lerá e das amizades que construir. Relacionamentos têm o poder de construir ou destruir pessoas: pessoas desanimadas nos desanimam; pessoas encorajadoras e inspiradoras nos impulsionam a melhorar. O nome disso é espelho social, pois nós sempre seremos a soma do tipo de gente com quem convivemos.

Se há um conselho que gostaria de compartilhar, é: evite andar com pessoas que não se parecem com o futuro que você quer viver. Ande com pessoas que o moldarão na pessoa que você está para se tornar.

Há uma interessante máxima no ambiente da liderança que diz: "Se consegui enxergar longe, é porque vi pelos ombros de gigantes". Este, sim, é um fator decisivo! Quem anda com gente que sonha grande e enxerga longe aprenderá a viver e sonhar da mesma forma. As amizades que você está construindo hoje estão configurando a pessoa na qual você se tornará em dez anos. Diante disso, seja intencional nessa questão!

Relacionamentos têm o poder de construir ou destruir pessoas.

O conceito de inteligência emocional

Há outro importante termo semelhante ao QI (quociente intelectual), embora um pouco menos citado, que é o QE (quociente emocional), ou, como é chamado em inglês EQ, *Emotional Quotient*, que nada mais é do que a ideia de inteligência emocional. O QI de uma pessoa tem a ver com a capacidade de raciocínio conforme a idade. A inteligência emocional diz respeito à capacidade de autoconhecimento de cada pessoa em relação a sua análise comportamental das próprias emoções.

Como o nome já diz, a ideia de inteligência emocional está relacionada a administrar de modo mais inteligente as próprias emoções, ou, como considero mais coerente, inteligência emocional é se autoconhecer e saber quais são os seus limites, pontos cegos emocionais, gatilhos de ira e áreas e emoções mais vulneráveis, para que, daí em diante, possa lidar melhor com a pessoa que você é, evitando situações e transtornos emocionais que o possam lançar em erros e constrangimentos, justamente por não saber administrar bem as emoções. O autoconhecimento é libertador! Ele nos ajuda a saber melhor até onde ir e quais riscos e excessos evitar.

Todas as emoções são genuínas, mas precisamos aprender a conviver e lidar com elas. A inteligência emocional é um caminho para a lucidez e um convite ao autocontrole. Consiste em uma aliada para quem precisa desenvolver equilíbrio pessoal a fim de saber ser e se comportar como é devido, mesmo quando o seu impulso temperamental o empurrar para explodir e dar uma resposta comprometedora. A inteligência emocional ajuda você a não destruir pontes.

Todas as emoções são acessíveis, mas nem todas devem ser aceitas. O apóstolo Paulo escreveu que todas as coisas nos são lícitas, mas nem todas nos convêm. Paulo estava ali estabelecendo um tripé para o equilíbrio da vida: aquilo que quero, aquilo que posso e aquilo que devo. Tem coisas que quero, mas não posso; tem coisas que posso, mas não quero; tem coisas que quero, mas não devo, e tem coisas que até não quero, mas devo fazer — esta última opção reflete a essência de quem conseguiu de modo correto liderar a sua vida, pois ela envolve disciplina, e disciplina é fazer o que tem de ser feito ainda que esteja sem vontade de fazer.

Uma vida que honra a Deus com emoções saudáveis é alguém que faz o que dever ser feito, mesmo quando não quer. A vida não pode ser guiada por emoções ou circunstâncias, mas pela consciência de dever. Isso tem a ver com princípios. Essa é uma vida que convém!

Gosto muito da máxima que ensina: "Nunca tome decisões quando estiver cansado, nunca prometa quando estiver empolgado e nunca responda quando estiver irado". Ou seja, tire o poder de escolha das mãos das suas emoções, porque são justamente as emoções ruins que o levam a ser tentado a agir pelo excesso, seja pelo cansaço, pela empolgação ou pela ira —

e todo excesso o levará a se exceder em relação ao que seria suficiente e necessário.

Não seja escravo da sensação de prazer dos resultados rápidos

Emoções saudáveis e resultados de longo prazo

Um dos maiores males deste tempo — principalmente em adolescentes e jovens — está relacionado à dependência da mente humana na dopamina.

A dopamina é um neurotransmissor responsável por gerar estímulos no cérebro que geram picos de disposição e ânimo para a execução de determinada tarefa. Esse neurotransmissor é constantemente chamado de **hormônio do bem-estar** ou **hormônio do prazer**, pois produz no cérebro uma sensação de satisfação. Normalmente, as pessoas preferem, ainda que inconscientemente, tudo o que produz mais dopamina. Por exemplo, prefere gastar mais tempo em uma rede social do que lendo um livro; preferem comer uma barra de chocolates do que uma alimentação saudável e não industrializada; a maioria dos jovens prefere gastar horas do dia em jogos eletrônicos do que usar esse mesmo tempo estudando para uma prova ou aprendendo um novo idioma, e isso se deve ao fato de que o jogo gera mais prazer e produz mais dopamina no cérebro do que o estudo; do mesmo modo, o chocolate, por conter açúcar, aumenta mais a dose de dopamina do que uma alimentação natural, assim como também o uso do celular gera um estímulo de prazer muito mais rápido do que se esse mesmo tempo fosse usado na leitura de um livro, pois em ambos os casos há uma dosagem de dopamina maior.

A grande questão é que estamos diante de uma prisão comportamental na mente das pessoas. Elas estão se tornando cada vez mais reféns do prazer e da produção da dopamina — é a era do sequestro da vida no cárcere do prazer. Sem perceber, as pessoas têm se tornado cada vez mais escravas de resultados rápidos em tudo o que fazem, abandonando, assim, processos e sacrifícios que constroem resultados mais duradouros, sólidos e permanentes.

Você precisa acostumar a sua mente com resultados e metas de longo prazo. É preciso vencer a necessidade das recompensas rápidas!

Há uma antiga e conhecida história que nos ensina muito a esse respeito. Tudo começou no princípio da década de 1960, quando Walter Mischel,[2] renomado psicólogo e professor da Universidade de Stanford, na Califórnia, iniciou uma série de estudos sobre o comportamento humano mediante a

[2] Walter Mischel foi um psicólogo austro-americano renomado amplamente reconhecido por seu trabalho pioneiro sobre o controle de estímulos e o experimento conhecido como "teste do *marshmallow*". Este estudo, realizado na década de 1960, investigou a capacidade das crianças de adiar a gratificação imediata em troca de uma recompensa maior no futuro, destacando o papel crucial do autocontrole e da força de vontade para o sucesso a longo prazo. Mischel foi professor em várias instituições de prestígio, incluindo a Universidade de Columbia, e foi um membro destacado da Associação Americana de Psicologia

necessidade do autocontrole. Em seu estudo, o objetivo principal era testar quanto o desenvolvimento do autocontrole em crianças impactava o sucesso delas ao longo da vida. O experimento foi realizado com crianças que tinham entre 4 e 6 anos e ficou conhecido como o "teste do *marshmallow*".

O teste consistia em colocar uma guloseima diante de cada criança. Na sequência, o avaliador dizia às crianças que ele sairia da sala por 15 minutos e, se quando voltasse alguém não tivesse comido o doce, ganharia um *marshmallow* extra. Se elas quisessem, poderiam comer já o doce que tinham à sua frente, mas, nesse caso, não ganhariam o segundo *marshmallow*. Este era o trato: um *marshmallow* agora, ou dois *marshmallows* em 15 minutos. Era uma recompensa para aqueles que conseguissem desenvolver autocontrole em busca de resultados melhores lá na frente. O pesquisador então deixava a sala e permanecia visualizando o comportamento das crianças através de câmeras de vídeo.

O fantástico dessa pesquisa é que ela não se limitou apenas a esse teste, mas as mesmas crianças foram acompanhadas por muito tempo — e isso ajudou Walter Mischel a tirar conclusões valiosas por um período que abrangeu mais de quarenta anos. As crianças que conseguiram esperar os 15 minutos sem comer o primeiro doce para ganhar o segundo *marshmallow* em sua maioria foram crianças que ao longo dos anos obtiveram um melhor desenvolvimento escolar, melhores níveis de concentração e resultados mais sólidos em seus estudos. Já as que tiveram mais dificuldade de autocontrole no teste do *marshmallow* acabaram tendo ao longo da infância e adolescência um desenvolvimento inferior, notas mais baixas e maiores queixas sobre o desenvolvimento de sua trajetória escolar.

Os pesquisadores continuaram acompanhando aquelas crianças por todo aquele tempo; todas as vezes que eram testadas, o grupo de pessoas que havia esperado pelo segundo *marshmallow* possuía melhores índices em uma vasta gama de medidas de sucesso.

Quando a pesquisa completou quarenta anos, um último levantamento foi feito e descobriu-se que as crianças marcadas pela capacidade de autocontrole e adiamento da rápida recompensa possuíam melhores respostas ao estresse, menores níveis de obesidade e de práticas de vícios (drogas, álcool, etc.), além de uma melhor estabilidade financeira, que era consequência de terem alcançado uma melhor qualificação profissional. No entanto, as outras acabaram demonstrando índices mais elevados de baixa autoestima, considerável nível de frustração e um desenvolvimento profissional um pouco mais lento.

Um estudo de imagens cerebrais de uma amostra de participantes da experiência original de Stanford, realizado quando alcançaram a meia-idade, mostrou diferenças fundamentais entre os que manifestaram alto ou baixo tempo de espera pela recompensa. Tais diferenças se deram principalmente em duas áreas: o córtex pré-frontal (parte do cérebro mais racional e interligada com a tomada de decisões), que era mais ativo nos que haviam sido mais pacientes, e o *striatum ventral* (área relacionada ao desenvolvimento de vícios e dependência química), que era potencialmente mais utilizado pelo grupo de crianças que não havia esperado. Estas, quando se tornaram adultas, lidavam com um desafio maior ao tentarem controlar suas respostas a possíveis fraquezas e tentações.

Negar alguns prazeres de curto prazo em troca de melhores benefícios ao longo da vida pode ser transformador.

As lições dessa pesquisa contribuíram muito para a contemplação entre o perigo de uma mente que busca resultados rápidos e os benefícios de uma mente que consegue sacrificar agora para desfrutar de algo melhor depois. Negar alguns prazeres de curto prazo em troca de melhores benefícios ao longo da vida pode ser transformador. O mesmo autocontrole que as beneficiou no teste quando ainda eram crianças provavelmente foi o fator decisivo no decorrer da vida, e elas só foram aperfeiçoando isso ao longo dos anos. A habilidade de saber esperar por uma gratificação posterior maior ficou conhecida por esses pesquisadores como "gratificação tardia" e se transformou no grande legado de Walter Mischel, que faleceu em 2018, aos 88 anos de idade.

Equilibre a relação entre objetivo e foco

A maioria das pessoas possui um objetivo claro na vida. Para alguns, esse objetivo já se tornou nítido, para outros ainda não, mas a direção do destino pelo menos já está definida. Nem sempre você terá todas as certezas ao começar; às vezes, só terá a direção, mas é preciso segui-la, mesmo que não tenha ainda todas as respostas.

O Antigo Testamento nos conta uma incrível história que aborda essa questão — a história de Neemias. Ele entendeu que a missão de sua vida era reconstruir os muros de Jerusalém, que haviam sido destruídos décadas antes com a invasão de Nabucodonosor. Entretanto, uma das maiores lições de vida que Neemias nos ensinou foi sua capacidade de não se distrair com nada que tentasse tirá-lo do seu propósito.

Em um dos momentos na reconstrução de Jerusalém, Sambalate, Tobias e Gesém, que eram governantes de territórios próximos de Jerusalém, haviam entendido que as constantes ameaças de confronto não conseguiriam parar Neemias, mas, quem sabe, a tentativa de distraí-lo conseguisse desviá-lo de sua missão. Foi quando, diante do convite para parar a reconstrução e descer do muro que estava sendo reconstruído, Neemias deu a clássica resposta: "Estou fazendo uma grande obra e não posso descer" (Neemias 6.3, NAA).

**Foco está
ligado à sua capacidade
de saber dizer “não”.**

Devemos destacar aqui um entendimento brilhante sobre objetivo e foco. O que levou Neemias a empreender uma viagem até Jerusalém foi um objetivo (reconstruir os muros da cidade), mas o que o fez concluir a missão em apenas 52 dias foi sua capacidade de manter o foco. Preciso que você assimile uma grande verdade: um objetivo sem foco pode fazer você começar, mas não garante que você concluirá o que começou.

Foco está ligado à sua capacidade de saber dizer "não" — guarde isso! Imagine que alguém tem uma dívida de 10 mil reais e que a cada mês pudesse reservar mil reais para quitar essa dívida. Se conseguir guardar mensalmente essa quantia, em dez meses resolveria sua pendência. Mas é fácil guardar mensalmente essa quantia? Para a grande maioria das pessoas, não! Alguém só fará isso se tiver foco, porque será justamente a capacidade de ter foco que fará com que essa pessoa consiga dizer "não" para aquilo em que tentar usar essa quantia.

O objetivo dela até poderia ser o de pagar a dívida, mas se não estiver focada nisso, o valor certamente seria gasto em outras coisas, e o débito continuaria existindo. Ter um objetivo, mas não ter foco sempre será insuficiente. Como bem afirmou Robb Thompson: "Sonhos não realizados são o resultado de um foco interrompido".[3] Pessoas com dificuldade de serem seletivas normalmente são pessoas cujos resultados também são procrastinados. É preciso ser resoluto em dizer "não" para o que pode roubar de você os seus objetivos!

---

[3] THOMPSON, Robb. **Passaporte para a promoção.** Central Gospel, 2012, p. 32.

Isso faz todo o sentido com a missão de Neemias, pois se você ler o livro de Neemias, desde o início até o capítulo 6, perceberá que, embora esta não tenha sido a primeira vez em que ele disse a palavra "não", foi a primeira vez em que ele deu um "não" como resposta.

Se você deseja alcançar suas metas em um resumido período, precisará estar disposto a dizer "não" para tudo o que vier distrair você. As realizações acompanham quem tem foco!

Aprenda a conviver com os medos em vez de parar por causa deles

Guarde isso com você: mais de 90% dos seus medos nunca acontecerão! Eles sempre atuarão no campo das possibilidades e preocupações, mas nunca se tornarão reais. A grande maioria deles é criada na nossa mente, sem nunca ter tido contato com a vida real. Senti-los é inevitável, ser dominado por eles é opcional.

O medo é algo natural da vida, pois a mente humana sempre busca assimilar possibilidades para se organizar antecipadamente de forma preventiva, mas ele só lhe será útil se estiver dosado. Você precisa ter a capacidade de discerni-lo.

Uma vida sem medo pode ser perigosa, porque alguém isento de temores pode se tornar uma pessoa inconsequente. Imagine que terrível seria se você não tivesse medo de falir: você gastaria descontroladamente. Imagine se não tivesse medo de perder seu casamento: você viveria de modo irresponsável. Imagine se não tivesse medo de interromper a sua vida com uma morte precoce: você iria se expor loucamente a riscos. Imagine se não tivesse medo de viver a eternidade inteira longe de Deus: você não o amaria nem respeitaria sua Palavra. Uma vida completamente sem medo seria um caos.

Sabe por que um pai precisa se preocupar com o filho de 10 meses de vida para que ele não role da cama e caia? Justamente porque o bebê ainda não tem medo. Ausência de medo é ausência de conhecimento. Quem, de fato, sabe considerar os riscos e a realidade desenvolve uma postura de cuidado, que, coincidentemente, é produzida pela consciência das consequências. Portanto, não ignore seus medos, eles podem ser um grande aliado para a sua proteção.

O que precisamos é ter cuidado com o nível de apreensão que nos permitimos sentir. O medo deve ser para você como um guarda-corpo de uma escada, pois assim ele o protege de riscos e tragédias, mas você não pode permitir que, em vez de funcionar como um guarda-corpo, ele acabe se transformando em uma corrente, pois assim ele o paralisa e o impede de avançar.

Não deixe que seus medos paralisem você!

Aprenda a conviver com a diferença que há entre as pessoas

Outro benefício da inteligência emocional é que ela o ajudará a entender que as pessoas não são iguais, e embora isso pareça óbvio, para muita gente não é.

As pessoas sempre cobram que as outras façam o que elas fariam, reajam como elas reagiriam e pensem como elas pensariam, mas as pessoas não são iguais. As pessoas não estão sonhando com os mesmos propósitos, não estão caminhando para a mesma direção, não resolverão os mesmos problemas e não foram formadas com as mesmas experiências e motivações, portanto, inevitavelmente, serão diferentes e terão comportamentos e pontos de vistas diferentes.

Entender essa verdade é libertador, pois nos tira da posição de querer mudar as pessoas. Elas sempre farão o que entendem ser o melhor para elas, e quando entendemos isso, tornamo-nos pessoas mais estáveis emocionalmente.

Outro ponto necessário a ser entendido é que como o caminho escolhido pelas pessoas não foi definido por você, o peso das consequências das decisões delas também não é você quem deve carregar.

Há pessoas que não o procurarão na hora de errarem, mas buscarão você para carregar o peso das consequências dos erros que elas cometeram. Você precisa saber diferenciar o que são os problemas dos outros daquilo que são os seus problemas. Decisões são individuais justamente para que problemas não sejam coletivos. Portanto, quem não consultou você na hora da decisão também não deve sobrecarregá-lo com os resultados. Tire o peso da decisão dos outros de sobre os seus ombros! Você não pode permitir que o fardo das pessoas se torne mais leve à custa dos seus ombros.

Uma das piores coisas do mundo é tentar ajudar alguém que não se ajuda. Todos precisamos entender que, se não estivermos dispostos a perseguir os nossos objetivos, dificilmente alguém fará isso por nós. Quanto mais cedo você deixar isso claro, menos problemas terá no futuro. Não é saudável se prejudicar por alguém que não ajuda a si mesmo.

Liberte-se da sensação de foco central

Se não tivermos cuidado, a nossa mente pode nos levar ao adoecimento das nossas emoções. Sua saúde emocional é um fator tão decisivo para o seu crescimento quanto a sua idade biológica. O que determina até onde você conseguirá chegar nem sempre é quantos anos de vida você ainda tem, mas sim quantos anos de disposição e ânimo ainda terá! Portanto, você precisa recarregar a sua bateria emocional, pois pessoas esgotadas emocionalmente acabam não conseguindo chegar muito longe.

Mesmo que o seu corpo esteja bem, se as suas emoções estiverem comprometidas, tudo estará comprometido. Quem caminha com pensamentos adoecidos, ainda que tenha apenas 30 anos de idade, se desenvolverá muito pouco. Na verdade, a pessoa que você será no futuro dependerá muito da sua saúde física e emocional, pois a vida paralisa quando essas duas áreas paralisam. Por isso, do mesmo modo que você precisa de um profissional para orientá-lo em seu desenvolvimento físico, precisará também de um terapeuta para cuidar das suas emoções.

Uma das coisas que mais adoecem emocionalmente pessoas hoje no mundo é a crença de que há alguém que lhe deseja o mal. Há pessoas que desenvolvem uma síndrome de autoperseguição como se o planejamento de vida dos outros girasse em torno da vida delas. Permita-me dar-lhe uma notícia: as pessoas não estão pensando em você!

O mundo que gira em torno da vida delas é o delas, e não o nosso. Nós estamos na era do egoísmo, as pessoas estão pensando apenas em si, e é por isso que você precisa, ao invés de achar que estão pensando em você, concentrar o seu pensamento e atenção em sua própria vida, pois infelizmente a vida das outras pessoas não está mais sendo importante para os outros em quase nenhum aspecto. Nós precisamos aprender a viver a nossa vida, libertando-nos da aceitação, cobrança e aprovação dos outros!

Nesta era marcada pela centralidade em si mesmo, nem sempre a nossa opinião valerá para os demais; então, não se abale quando não for ouvido. O peso do futuro deles não pode estar sobre você, e Deus não cobrará de você as consequências de uma missão que não lhe deu. Alivie a sua bagagem emocional e foque no que verdadeiramente importa.

Do mesmo modo, não perca tempo tentando convencer os demais sobre o seu ritmo, apenas siga-o, pois muito provavelmente ele é o ideal para você, mas não necessariamente será a mesma velocidade das outras pessoas.

Portanto, tirar o foco da vida das pessoas é uma decisão extremamente necessária para quem quer chegar emocionalmente inteiro lá na frente. Trata-se de uma questão de saúde emocional.

Lembre-se:

Atue em seu favor! Não espere que as pessoas o façam. Faça isso por você mesmo, pois há pessoas que até querem vê-lo bem, mas nunca melhor do que elas. Portanto, não espere que façam muito por você. Ajude a quem puder ajudar, mas não se desanime se não tiverem esse mesmo cuidado ao seu respeito.

Lembre-se de que há pessoas que querem o melhor de você, e não o melhor para você. Saiba escolher em quais mesas deixará as melhores "fatias da vida" e quais circunstâncias permitirá que afetem a sua alegria.

Há pessoas que têm a necessidade de que os outros vejam que ela está feliz, ainda que não esteja. Valorizam mais o que parece ser do que aquilo que, de fato, é. As redes sociais estão cheias de pessoas que parecem estar felizes, mas não estão — justamente porque estão reféns da ilusão das aparências. A vida das pessoas nas redes sociais não é melhor do que a sua — ela apenas está editada.

Um dos segredos de ser feliz ainda é ser feliz em segredo — valorize o ser, não o parecer. Saiba ser feliz com a sua família. Celebre mais a alegria vivida do que a alegria mostrada.

Viva valorizando quem sabe se valorizar e o valoriza, pois não vale a pena adoecer as nossas emoções por causa de situações e pessoas que não vivenciam a mesma reciprocidade.

O mundo não mudará. Tente ao menos mudar o seu mundo!

"Faze para ti uma arca" (Gênesis 6.14, ARC) — esta, na minha opinião, é uma das frases mais emblemáticas de Deus a Noé.

O capítulo 6 de Gênesis começa com a declaração de que Deus havia se arrependido de ter feito o homem. A palavra hebraica para "arrependeu-se" ali é *nacham*, que significa "lamentação". A ideia não é a de que Deus havia cometido um erro em ter feito o homem, mas que Deus lamentava por aquilo em que o homem havia se tornado por causa do pecado e da desobediência.

O cenário daquela época era o de um mundo totalmente perdido, e embora sempre ouvimos que Deus disse a Noé que pregasse para todas as pessoas de sua época, a fim de que se arrependessem e fossem salvas na arca, o texto de Gênesis não nos diz isso. Deus não mandou Noé construir uma arca para salvar o mundo ou para ser um "transatlântico" de salvação para quem quisesse se arrepender — a arca foi construída apenas para salvar Noé, seus filhos, sua esposa, as esposas dos seus filhos e os pares de animais especificados por Deus, e nada mais! É isso o que o texto de Gênesis nos diz.

Em outras palavras, o que Deus estava dizendo era: "Noé, o mundo não melhorará. Construa, pelo menos, um ambiente de proteção e qualidade, para que você e a sua família possam ter paz e qualidade dentro dele". Não sei se você já percebeu isso em sua mente, mas o mundo não melhorará. Então, já que o mundo como um todo não melhorará, tente melhorar pelo menos o seu mundo. Tente agir de tal modo que pelo menos a sua família viva em um ambiente de equilíbrio, compreensão e amor, que o seu lar seja um lugar de paz e que a sua consciência seja um ambiente livre em harmonia com Deus, pois, infelizmente, talvez não teremos daqui para frente um ambiente de paz coletiva, então essa paz precisará ser intencional e individual.

Tenho pensado muito que este é um entendimento que precisa se instalar em nosso coração, pois infelizmente as pessoas têm se tornado cada vez mais desiguais e intolerantes e os valores da sociedade cada vez mais relativizados; mas não é porque o mundo dos outros está piorando que isso também tem de acontecer com você. Você tem a missão de edificar uma arca para você e sua família. Você tem a missão de fazer do seu lar um ambiente em que amor, respeito, harmonia, os valores e ideais do Reino de Deus sejam praticados e celebrados. Construa uma arca para você!

Descubra o valor do silêncio: a arte de saber quando falar

Nunca me esqueço da clássica fábula da Lua e do cachorro. Em algum momento da vida, já vimos, seja em um filme ou presencialmente, um cachorro latindo para a Lua, mas nunca ouvimos a Lua "responder" para o cachorro. É claro que a Lua não é um ser animado capaz de responder, mas a lógica por trás dessa história é a de que a Lua é vista por todos, diferentemente do cachorro, e, se um dia a Lua "respondesse para o cachorro", todos perceberiam, ao passo que quase ninguém observa quando um cachorro late para a Lua.

A moral dessa fábula é sobre o cuidado que você deve ter para não responder a tudo. Em algum momento, você será confrontado apenas porque alguém esperará ouvir a sua resposta. Quando eles falarem, apenas os que estiverem por perto ouvirão, mas se você responder, todos os que o ouvem também perceberão. Saber discernir entre o que precisa e o que não precisa ser respondido é uma dádiva necessária e concedida por Deus.

Saber ignorar questionamentos que não merecem ser respondidos é uma das artes do comportamento na inteligência emocional. Quem não conseguir ser dono do seu silêncio correrá o risco de se tornar refém de suas palavras — nem toda resposta precisa ser dada. Salomão escreveu: "Todos se alegram quando dão a resposta apropriada; como é bom dizer a coisa certa na hora certa!" (Provérbios 15.23, NVT). A arte de saber quando falar é uma habilidade altamente necessária.

Não ignore a repreensão. A vida sempre dará sinais através de conselhos!

Salomão escreveu: "Para quem se dispõe a ouvir, a crítica construtiva é como brinco de ouro ou joia de ouro puro" (Provérbios 25.12, NVT). Em outras palavras, o sábio Salomão afirmou que é precioso quando alguém ouve e aceita uma correção. Ignorar uma repreensão pode ser comprometedor para o desenvolvimento pessoal, principalmente quando feito com frequência.

Há um ditado antigo que diz: "Se alguém o chamar de cavalo, ignore. Se duas pessoas o chamarem de cavalo, preocupe-se. Mas se três pessoas o chamarem de cavalo, compre uma ferradura". Uma observação isolada é bem diferente de quando se tornam constantes as reclamações acerca do mesmo problema. Não levar em conta uma orientação sábia equivale a fechar a porta para o caminho que o levaria ao crescimento pessoal.

Na maioria das vezes, nossa mente opta por pensar que a parte errada sempre será a outra pessoa. No entanto, essa postura nos afasta da autocrítica, que é o que nos faz melhorar constantemente. Esse comportamento começou no Éden, quando Deus perguntou a Adão por que havia se escondido e onde estava. Adão respondeu: "Foi a mulher que me deste por auxiliadora; ela me deu do fruto da árvore e eu comi" (Gênesis 3.12, KJA). Observe que comportamento de fuga!

O que Adão estava dizendo era que se Deus não tivesse lhe dado Eva, ele não teria falhado, e se Eva não tivesse lhe dado o fruto, ele não teria desobedecido, mas em momento algum vemos Adão reconhecendo seu erro e buscando o perdão divino. A grande questão é que normalmente quem é muito bom em transferir culpas se torna péssimo em reconhecer os próprios erros. Quem costuma ser muito bom em apresentar justificativas acaba se tornando falho em se arrepender.

Submeter nossa mente a uma reflexão sobre a nossa parcela de culpa em relação aos nossos problemas é uma atitude responsável e necessária, pois aquilo que você desconhece, você perde. Aquilo que negligencia, não será seu por muito tempo. Alguém que não conhece sobre administração financeira, seu dinheiro o abandonará. Alguém que não conhece sobre companheirismo, suas amizades se dissiparão. Alguém que não conhece sobre suas emoções, seus comportamentos prejudicarão seus relacionamentos. Portanto, não ignore a repreensão, pois na grande maioria das vezes ela virá para ajustar corretamente o seu posicionamento.

Desista da ilusão de ter sempre a razão

Certo dia, um jovem aprendiz procurou um velho sábio, que havia sido seu mestre por vários anos, e perguntou-lhe se ainda havia algo que ele não ensinara ao seu discípulo. Aquele ancião pediu-lhe então que se aproximasse um pouco mais e, abrindo a boca, pediu-lhe que o discípulo olhasse lá dentro. "Vês a minha língua?", perguntou o sábio. "Claro!", respondeu o discípulo. O sábio então perguntou: "E os meus dentes ainda estão perfeitos?", e o discípulo lhe respondeu que não. O sábio incrivelmente lhe respondeu: "Sabes por que a minha língua resistiu mais do que os meus dentes? Porque ela é flexível! Os dentes acabaram-se primeiro, pois eram duros demais. Os flexíveis sempre conseguirão chegar até o fim".

Saber flexibilizar é uma das artes sobre saber viver!

Desenvolver inteligência emocional nos fará valorizar mais as relações do que as discussões. Também nos fará respeitar opiniões — mesmo que não concordemos com elas — e nos fará entender que o valor das pessoas é infinitamente superior à diferença de ideias e pontos de vista que elas podem ter.

Em uma discussão, dificilmente você conseguirá sair com paz e razão, e na vida sempre será melhor ter paz do que razão. Tenho aprendido que não vale a pena ganharmos argumentos, mas perder pessoas. Repense se vale a pena uma discussão com alguém que não gostaria de perder — não destrua pontes!

No fim da vida, ninguém se arrependerá de não ter debatido mais, discutido mais e se sobressaído melhor, mas sentirá falta de não ter abraçado mais, sorrido mais e convivido melhor, justamente porque pontes não podem ser quebradas, e pessoas, perdidas.

Saber flexibilizar é uma das artes sobre saber viver!

Capítulo 6

Cobre-se, mas nem tanto!

O perigo do **perfeccionismo**

Você se cobra muito? Sempre está se martirizando em busca de resultados que ainda não alcançou? Às vezes, sacrifica até mesmo o tempo com a família e o tempo devocional para tentar acelerar seu crescimento? Talvez este não seja o melhor caminho para alcançar os alvos tão sonhados. Como disse Stephen Covey:[1] "Ninguém em seu leito de morte se arrependerá por não ter trabalhado mais".[2] Há um limite para a cobrança pessoal, e ele não pode ultrapassar o que tem mais valor na nossa vida.

Quase sempre, essa autocobrança é consequência de outro comportamento denominado perfeccionismo, que é a busca de fazer com perfeição todas as coisas. Na teoria, é maravilhoso; mas na prática, insustentável, pois se você é perfeccionista

[1] Stephen Covey foi um renomado autor e especialista em liderança, mais conhecido por seu livro *Os 7 hábitos das pessoas altamente eficazes*, que vendeu mais de 25 milhões de cópias e foi traduzido para 38 idiomas. Covey fundou o Covey Leadership Center, que mais tarde se tornou a FranklinCovey, uma empresa de consultoria global. Ele também escreveu *Liderança baseada em princípios* e *O 8.º hábito*. Em 1996, foi nomeado uma das 25 pessoas mais influentes da América pela *Time*.

[2] COVEY, Stephen. **Como definir prioridades em um mundo sem tempo**. Campus, 1995, p. 328.

dificilmente estará satisfeito com algo. Caso trabalhe com alguém que não é perfeccionista, terá o costume de questionar a qualidade do trabalho dele, que para os demais talvez seja até excelente.

Além disso, inevitavelmente, a vida é imperfeita! As pessoas são imperfeitas, as relações são imperfeitas, as instituições e organizações são imperfeitas, as coisas também acontecem de modo imperfeito, e, se você é perfeccionista, a tendência é se isolar e achar que a vida foi injusta, pois verá outras pessoas "não tão perfeitas" prosperando exatamente como são. O perfeccionista precisa se lembrar de que ele também é imperfeito e, por isso mesmo, não deveria se cobrar tanto.

Todo perfeccionista lida com o drama do "se não for incrível, será horrível", mas nem sempre a vida acontece assim. Não é saudável se lançar em uma pressão interna desnecessária quando as coisas não saírem como você planejou. A excelência é algo a ser desenvolvido, e o que hoje foi horrível amanhã pode se tornar incrível, desde que você vença o medo de falhar e aceite recomeçar, ainda que com imperfeições. Ou seja, a busca pelo perfeito não pode se transformar em uma prisão.

Visto dessa forma, o perfeccionismo, diferentemente do que muitos pensam, não é uma qualidade, mas uma fraqueza. Pesquisas recentes, ao analisar o perfil comportamental de funcionários segundo sua produtividade, têm apontado que os perfeccionistas desenvolvem com mais frequência problemas como estresse, insatisfação, distúrbios emocionais, como, por exemplo, a síndrome de Burnout; e, além disso, por serem extremamente exigentes e minuciosos naquilo que fazem, acabam perdendo muito tempo na busca pela perfeição e, no fim das contas, não produzem mais do que aqueles que, mesmo não sendo tão perfeccionistas, conseguem concluir com dedicação suas tarefas. Ou seja, não há uma relação direta entre perfeccionismo e aumento de produtividade.

> **"Algo feito sempre será melhor do que algo perfeito que não foi feito."**

Isso se deve muito ao fato de terem o hábito de pensar e analisar muito, mas agir pouco. Quase sempre não se empolgam com as coisas e os resultados — costumam ser mais racionais e calculistas, o que os impede de realizar mais porque pensam não estar à altura. Acumulam muitos planos, sonhos e ideias, mas acabam somando poucas realizações, pois são excelentes na reflexão, mas tardios e procrastinadores na execução. Enfim, o perfeccionismo atrapalha nossa prosperidade.

É preciso entender que "algo feito sempre será melhor do que algo perfeito que não foi feito", e não é porque alguma coisa não ficou perfeita que significa que não ficou boa. O que mais precisamos na vida não é de perfeccionismo, mas de excelência, e a excelência é diferente da perfeição.

A excelência tem a ver com qualidade, sem que necessariamente seja impecável. A perfeição é algo inatingível, e, quanto mais miro na ilusão daquilo que é perfeito, mais chances tenho de me frustrar, porque o perfeccionismo sempre afeta a autoestima. Já a excelência diz respeito ao que excede em valor, pois ela pode até ser o caminho para a perfeição, mas sem a pressão de não falhar. Os excelentes sempre trabalham melhor!

Na maioria das vezes, o perfeccionismo está estreitamente relacionado à vaidade. É o orgulho do impecável, mas que carrega secretamente a culpa da frustração. Acaba se tornando uma compulsão. É uma escravidão psicológica. É a desnecessária lógica do tudo ou nada. É a construção dos padrões inflexíveis, na qual não se pode falhar, sendo que as pessoas nem sempre estão em busca do perfeito, mas sim do simples bem feito, pois ele é suficiente.

Uma coisa que precisamos entender é que ninguém nasce perfeccionista — as pessoas se tornam perfeccionistas. Você nunca verá uma criança desistir de andar porque não soube dar os primeiros passos perfeitamente, ou então uma criança desistir de aprender a falar só porque as primeiras sílabas não foram pronunciadas corretamente — isso não acontece.

O perfeccionismo é uma prática adquirida e quase sempre alimentada pela ilusão da comparação, pois todo perfeccionista acaba se tornando alguém que busca a aceitação e a aprovação das pessoas, e por esse motivo é que se cobram tanto.

No entanto, do mesmo modo que o perfeccionismo é um hábito adquirido ao longo da vida, pode ser também um hábito eliminado dela. Desligue a chave da autocobrança excessiva, sua mente também precisa aprender a ser **imperfeitamente** feliz!

A autocobrança pelas lentes da história e do tempo!

Não se cobre tanto! As gerações mudam, e não é que se tornam melhores ou piores, apenas se tornam diferentes. Às vezes, até por um sentimento saudosista, temos a tendência de pensar que esta geração é ruim e que a anterior foi melhor — talvez não tenha sido! O que acontece é que trazemos conosco as boas memórias do passado e, na tentativa de vivê-las novamente, acabamos comparando as memórias de hoje com as emoções das memórias de ontem, sendo levados pela nostalgia a pensar que o ontem era muito melhor.

Permita-me compartilhar quatro pensamentos de quatro pessoas e épocas diferentes, e reflita se parecem ser atuais:

> "A nossa juventude adora o luxo, é mal-educada, despreza as autoridades e não tem o menor respeito pelos mais velhos. Os nossos filhos hoje são verdadeiros tiranos. Eles não se levantam quando uma pessoa idosa entra, respondem aos pais e são simplesmente maus" — frase escrita na Grécia, por volta de 450 a.C., durante a vida de Sócrates.
>
> "Não tenho mais nenhuma esperança no futuro dos jovens de hoje, porque essa juventude é

> insuportável, desenfreada e simplesmente horrível" — frase de Ezildo, em 720 a.C.
>
> "O nosso mundo atingiu o seu ponto crítico. Os filhos não ouvem mais os pais, e isso é um caminho para o fim" — frase encontrada nos escritos de um sacerdote judaico no primeiro século da era cristã.
>
> "Esta juventude está estragada até o fundo do coração. Os jovens são maus e preguiçosos e nunca serão como a juventude de antigamente. A juventude de hoje não será capaz de manter o amanhã" — frase encontrada em um vaso de argila na Babilônia, datada de quatro mil anos atrás.

Sabe o que essas frases têm em comum? O olhar de alguém que achou que o ontem era melhor.

Tenho pensado ultimamente que talvez não é que o mundo tenha piorado, mas sim nós que pioramos. A grande questão é que, com o passar dos anos, não somos mais as mesmas pessoas, e isso vai embaçando as nossas lentes de esperança ao vermos o mundo. Com o tempo, somos levados, devido às decepções, a não confiar tanto nas pessoas, a questionarmos mais as coisas e a readaptar nossas emoções a uma nova proposta de vida. Então, talvez o mundo até tenha, sim, piorado um pouco, mas nós também acabamos piorando juntos, e isso vai afetando a nossa visão de mundo, até porque todo ponto de vista sempre será da vista a partir de um ponto.

Faz pelo menos quatro mil anos que tem alguém dizendo que a próxima geração será pior, e de fato muitas coisas pioraram, mas isso não compromete por inteiro a qualidade do mundo, pois existem também aqueles que têm trabalhado para torná-lo melhor, e é justamente por causa dessa parcela de pessoas — ainda que pequena — que o mundo melhorará para os que se lançaram a torná-lo melhor. Como disse Winston Churchill:[3] "Toda geração será salva por causa de um pequeno bocado de homens que decidiram não ser atuais".[4] Você precisa estar no grupo dos que lutam, ainda que lutando contra as próprias imperfeições, para construir uma geração que fará parte de um mundo melhor.

Seja grato pelo passado, mas viva daqui para a frente!

Quem deseja viver um bom futuro não pode estar preso ao que já passou.

Há uma reflexão sobre o passado que penso ser coerente a esse respeito:

> Se você foi feliz em um lugar, não volte para lá. Você não encontrará mais o mesmo lugar nem as mesmas pessoas que estavam presentes naquele

[3] Winston Churchill foi um estadista britânico, autor e orador que desempenhou um papel crucial durante a Segunda Guerra Mundial como primeiro-ministro do Reino Unido. Conhecido por sua determinação e discursos inspiradores, Churchill liderou a Grã-Bretanha de 1940 a 1945, ajudando a organizar a resistência contra o nazismo e promovendo a aliança com os Estados Unidos e a União Soviética.

[4] CHURCHILL, Winston. **Jamais ceder**. Zahar, 2005, p. 42.

> momento. Se você foi feliz em um lugar, aquele mesmo lugar, daquele jeito, não existe mais. O que encontrará não será o mesmo que deixou lá algum tempo atrás. O abraço que afagou, as risadas que foram dadas e as emoções que foram sentidas não estão mais lá. Nunca mais será a mesma coisa voltar para lá. Você foi feliz em um lugar! Ele não existe mais, porque o que havia lá também já não existe mais. O que você precisa é ser feliz onde está e acessar o ambiente da alegria do hoje. Portanto, se você está plenamente feliz fazendo algo, talvez não deva parar, pois a felicidade nesta vida habita justamente nessas pequenas partículas de tempo que conservam a emoção do que você está fazendo neste momento, depois serão apenas memórias. Então, seja feliz no que está fazendo agora, pois a alegria também é um sentimento que habita no conjunto do que constrói a beleza de um lugar.

Não faça dessa reflexão uma verdade absoluta nem uma máxima incontestável — pois as experiências da vida são únicas e pessoais —, mas reflita sobre ela. Às vezes, exigimos muito de nós mesmos em busca de uma performance perfeita e nos esquecemos de ser felizes onde estamos. A beleza nem sempre está na linha de chegada; na maioria das vezes, ela está na simplicidade do caminho. O pódio é só um detalhe; o que vale a pena é a jornada da corrida.

No futuro, você terá mais lembranças boas dos momentos da sala de aula do que do dia da formatura. Porque o mais interessante não é o diploma, e sim a alegria da jornada vivida juntos. Não vale a pena se cobrar tanto, se para isso você tiver de abrir mão de ser feliz no que está fazendo, mesmo que não seja perfeito. Liberte-se da autocobrança — seja feliz sem a pressão do perfeccionismo.

Você precisa estar no grupo dos que lutam, ainda que lutando contra as próprias imperfeições, para construir uma geração que fará parte de um mundo melhor.

Capítulo 7

“Tem cuidado de ti mesmo”

Este é um dos mais emblemáticos conselhos de Paulo a Timóteo: "Tem cuidado de ti mesmo e da doutrina; persevera nestas coisas; porque, fazendo isto, te salvarás, tanto a ti mesmo como aos que te ouvem" (1Timóteo 4.16, ARC). Curiosamente, Paulo orientou Timóteo a cuidar de si mesmo e, na sequência, daquilo que cria e ensinava (doutrina), pois somente se respeitasse essa sequência salvaria a si e também aos demais. Negligenciar o cuidado de nós mesmos é algo que pode nos impossibilitar de cuidar até do que cremos, e consequentemente, também das pessoas.

Em todo voo, sempre há uma mensagem antes da decolagem: "Caso haja durante o voo uma despressurização da aeronave, máscaras de oxigênio cairão automaticamente do compartimento acima. Puxe uma das máscaras para liberar o fluxo de oxigênio. Coloque-a sobre o nariz e a boca, ajuste o elástico e respire normalmente. **Primeiro coloque a máscara em você e somente depois coloque a máscara em crianças e idosos que estiverem ao lado**".

Sabe por que a recomendação é para colocar a máscara primeiro em você? Porque se não cuidar de você primeiro, não estará em condições de cuidar dos outros. A queda de saturação de oxigênio poderá levar o passageiro a um quadro de hipóxia, ou seja, o oxigênio começa a faltar no organismo e ele perde suas funções básicas, como, por exemplo, conseguir colocar a máscara em si mesmo. Por isso, a recomendação sempre é colocar primeiro a máscara em você e, assim, poder ajudar quem estiver por perto.

Essa orientação de voo é condizente com o conselho que Paulo dá a Timóteo nesse texto. Alguém que não cuida de si mesmo não saberá também o que é cuidar. Nada deveria ser mais importante na vida e no ministério de uma pessoa do que cuidar de si mesma, pois as coisas só estarão bem se você estiver bem.

Isso envolve várias áreas da vida. Cuidar de você mesmo estende-se ao cuidado do corpo, emoções, vida espiritual, saúde, equilíbrio mental; enfim, um cuidado integral. Esta é a ideia, por exemplo, do que Deus estabeleceu para a tricotomia humana. O ser humano é formado de corpo, alma e espírito; por isso, cuidar-se por inteiro envolve cuidar do corpo (sua estrutura física), da alma (que é a sede das emoções) e do espírito (que é o ponto de contato entre nossa humanidade e espiritualidade), pois se o nosso cuidado com o corpo e com as emoções estiver comprometido, nossa espiritualidade também poderá ser afetada.

João Batista parece ter enfrentado isso, pois estando preso e certamente lidando com fortes pressões em suas emoções, indagou se Jesus era mesmo o Messias que haveria de vir ou se deveria "esperar algum outro" (cf. Lucas 7.18-23). Uma pessoa com suas emoções comprometidas compromete também muitas outras áreas da sua vida — até a fé. É preciso desenvolver um cuidado integral para que o físico, o emocional e a espiritualidade caminhem harmoniosamente bem.

Não negligencie seu descanso

Quando estiver cansado, não desista. Descanse! Qual foi a última vez que tirou alguns dias apenas para descansar?

Algumas pessoas estão desistindo de muitas coisas na vida por acharem que a vida perdeu o sentido e que já não são mais úteis devido ao esgotamento que estão vivendo. Um dos males do nosso tempo é a sobrecarga, e sobrecarga é tudo o que você carrega sem necessidade. Saber aliviar a bagagem e desenvolver o costume de reservar períodos de descanso são dois hábitos que quem deseja alcançar saúde emocional precisa aprender a desenvolver.

Certa vez, um pastor muito respeitado no Reino Unido foi se aconselhar com Martyn Lloyd-Jones.[1] Aquele pastor estava se sentindo tão esgotado emocionalmente a ponto de pensar

[1] Martyn Lloyd-Jones foi um influente pregador e teólogo galês, conhecido por sua pregação expositiva e compromisso com o evangelicalismo reformado. Graduado em medicina, Lloyd-Jones deixou uma promissora carreira médica para se dedicar ao ministério pastoral. Ele serviu como ministro na Westminster Chapel, em Londres, por quase trinta anos, onde atraiu grandes congregações com seus sermões detalhados e profundos, muitas vezes explorando versículos bíblicos de forma minuciosa ao longo de vários meses ou anos.

Um dos males do nosso tempo é a sobrecarga, e sobrecarga é tudo o que você carrega sem necessidade.

em abandonar o ministério. Ele já não conseguia dedicar tempo à oração e até mesmo o tempo de estudos estava comprometido. Quando Martyn Lloyd-Jones ouviu tudo que ele tinha a dizer, aconselhou-o a tirar um tempo de férias. Algum tempo depois, o pastor confidenciou que saiu totalmente desapontado do aconselhamento com Lloyd-Jones, por não ter recebido nenhum outro conselho. No entanto, por consideração a ele, decidiu tirar alguns dias de descanso. Dias depois, o pastor estava psicologicamente recuperado e espiritualmente revigorado. A lição aprendida por ele fora de que todas as áreas da vida estão interligadas; portanto, se o nosso descanso físico e mental estiver comprometido, isso pode também afetar o nosso serviço espiritual.

O descanso foi um dos primeiros princípios que Deus ensinou ao homem. Deus criou o homem no sexto dia, mas o primeiro dia completo vivido por Adão foi o sétimo dia — justamente o dia em que Deus descansou. O Senhor fez o homem começar a vida pelo descanso!

Dentro da organização do dia judaico, o próprio Deus organizou o fim do dia no pôr do sol, e não à meia-noite, que é quando termina o dia em nosso cronograma ocidental. O dia judaico termina próximo das seis horas da tarde, ou, mais precisamente, quando o sol se põe, e a partir dali tem início um novo dia com a primeira vigília da noite, que é desde o pôr do sol até as nove horas da noite. Era exatamente depois que o sol se punha, ou seja, quando as pessoas terminavam o dia de trabalho, que elas descansavam, coincidindo com o começo de um novo dia. No cronograma inicial, Deus fez o dia do homem começar pelo descanso!

Outro detalhe a ser observado diz respeito ao mandamento para os judeus de guardar o sábado. Você se lembra quem foi a primeira pessoa a guardar o sábado para o descanso? O próprio Deus! Ele trabalhou seis dias e no sétimo dia descansou. Tempos depois, quando deu a Lei ao seu povo, o próprio Deus estabeleceu como mandamento central que o povo não trabalhasse no sábado, mas que o reservasse para o descanso.

Em Cristo, a guarda do sábado foi concluída, pois não temos, nem nos ensinos de Jesus nem no ensino dos apóstolos, orientação para guardar o sábado, como faziam os judeus no Antigo Testamento. Porém, há algo que não podemos esquecer: o princípio ensinado por trás do costume de guardar o sábado era o princípio do descanso — e esse princípio continua vigente. O que Deus estava ensinando com esse conceito é que a vida não pode se resumir apenas em trabalhar, lucrar e armazenar; a vida também é saber parar, descansar e se dar ao luxo de desfrutar daquilo que por meio do seu trabalho você conquistou. Não negligencie o descanso!

Não negligencie seu tempo de sono

Há um ditado recente, motivado pela busca desenfreada em produzir e crescer a qualquer custo, que diz: “Trabalhe enquanto eles dormem”. Talvez esteja na hora de repensarmos se esse ditado, de fato, é saudável para a vida, pois o problema não está em "dormir enquanto eles dormem", mas sim em "dormir enquanto eles trabalham!". Dormir enquanto outros também dormem é algo que você precisa e deve fazer! O nível do seu crescimento estará ligado não a trabalhar enquanto outros dormem, mas na qualidade do que você consegue produzir em comparação ao que outros produzem enquanto ambos trabalham.

Deus fez a noite para o descanso e o dia para o trabalho; a mudança em relação a essa ordem é fruto da invenção da eletricidade. Como consequência da iluminação, hoje dormimos cada vez mais tarde e, embora pensemos que isso nos faz ganhar tempo e ser mais produtivos, acabamos, sem perceber, vendo a saúde ser cada vez mais afetada pela diminuição das horas de sono.

Os médicos que se dedicam à medicina do sono concluem que o sono mais regenerador para o organismo é aquele que inicia antes das 10 da noite. Um estudo recente publicado pela European Heart, em parceria com a Universidade de Harvard, revelou que pessoas que já estão dormindo entre 10 e 11 da noite, além de dormirem melhor e acordarem no outro dia mais dispostas, ainda diminuem consideravelmente a probabilidade de desenvolver doenças cardíacas e cardiovasculares.[2] A diminuição do tempo de sono é uma escolha que não compensa, e o sono que descansa a mente e o corpo é aquele que se inicia cada vez mais cedo.

Com o advento da internet e dos aparelhos com telas dormimos cada vez mais tarde. Um dos erros da nossa geração é usar o aparelho celular no momento em que deveríamos descansar

---

[2] VALE, Rogério. **Saúde e performance**. Chave Mestra, 2022, p. 84.

a mente. Em termos neurológicos, isso é prejudicial, pois nosso cérebro acaba sendo exposto a uma série de estímulos que irão cansá-lo mais ainda. Ou seja, quando o cérebro deveria estar descansando, na verdade, está sendo exposto a uma enxurrada de informações e a uma exposição abusiva do uso das telas que o levam a se cansar ainda mais. A consequência disso é o cansaço mental e o baixo nível de produção no dia seguinte, ainda que você tenha conseguido dormir por oito horas seguidas.

Deus fez a noite para o descanso e o dia para o trabalho.

O célebre teólogo inglês John Owen,[3] no fim de sua vida, expressou sobre como poderia ter tido mais cuidado com o tempo

---

[3] John Owen foi um influente teólogo puritano inglês, conhecido por suas contribuições significativas à teologia reformada, especialmente nas áreas de pneumatologia, cristologia e eclesiologia. Formado em Oxford, Owen foi um defensor do congregacionalismo e atuou como capelão e conselheiro de Oliver Cromwell durante o período do protetorado. Além de suas atividades teológicas, Owen foi prolífico escritor, autor de obras importantes como *A mortificação do pecado* e *A glória de Cristo*. Ele também teve um papel crucial na redação da Declaração de Fé de Savoy, um documento-chave para os congregacionalistas. Sua influência perdura através de suas obras, que continuam a ser estudadas e admiradas por teólogos e estudantes de teologia.

de descanso durante a juventude e a meia-idade. Owen, durante vários anos, obrigou-se a dormir apenas quatro horas por noite para que pudesse dedicar mais tempo aos estudos, e embora isso tenha lhe trazido um incalculável benefício espiritual, acabou também lhe trazendo um considerável desgaste físico.

Não negligencie sua saúde

Há uma história inesquecível de um famoso pregador escocês chamado Robert Murray McCheyne,[4] que morreu no sábado 25 de março de 1843, mas o que se tornou mais conhecido sobre sua vida não foi nenhuma de suas pregações, mas sim o fato de ter partido jovem com apenas 29 anos. Robert Murray era uma pessoa que, além de ser conhecido por sua grande habilidade de expor as Sagradas Escrituras, também era conhecido por ser muito negligente com o cuidado de sua saúde. A história registra que, no leito de sua morte, Robert Murray exclamou: "Deus me deu uma mensagem e um cavalo. Matei o cavalo, e agora o que farei com a mensagem?".[5]

Murray fazia alusão ao modelo de mensageiros antigos que recebiam uma mensagem em uma carta e corriam a cavalo

[4] Robert Murray McCheyne foi um ministro presbiteriano escocês conhecido por sua profunda devoção espiritual e impacto duradouro na vida cristã. Ele serviu como pastor da Igreja de São Pedro em Dundee, onde iniciou reuniões de oração e estudos bíblicos que atraíam centenas de participantes. McCheyne é amplamente reconhecido por seu plano de leitura bíblica, que ainda é utilizado hoje, e por sua ênfase na santidade pessoal.

[5] ASKOL, Thomas. **Amado Timóteo**. Fiel, 2005, p. 36.

para entregá-la ao destinatário. O "cavalo" representava, em sua comparação, seu corpo físico; a "mensagem", seu ministério. O que ele estava dizendo era: "Deus me deu um corpo para que eu vivesse nele e me deu um ministério para que eu cumprisse através da minha existência neste corpo, mas destruí este corpo; como cumprirei então o meu ministério?".

Esta é uma profunda reflexão que todos devemos fazer. Eclesiastes diz: "Não sejas mau demais, nem insensato demais; por que apressarias o dia da sua morte?" (Eclesiastes 7.17, KJA). Não permita que a ausência do cuidado com a sua saúde contribua para diminuir seu tempo de vida.

Precisamos entender que a saúde é algo para se cuidar enquanto se tem! É como um tanque de combustível que você precisa manter sempre cheio, pois se esvaziar muito talvez não consiga enchê-lo novamente. Se não nos organizarmos para cuidar da saúde hoje, teremos de arranjar tempo para cuidar de uma doença amanhã. Portanto, essa é uma decisão que você não pode se dar ao luxo de postergar. Se seu corpo não estiver bem, pouca coisa na sua vida estará.

Descobertas recentes da medicina têm nos ajudado a entender cada vez mais como nosso corpo funciona e qual tem sido a relação entre o cuidado com a saúde e a longevidade. Em 2018, segundo dados do IBGE, havia mais de 24 mil idosos no Brasil com mais de 100 anos de idade. Calcula-se que existem atualmente no mundo mais de 300 mil idosos com idade superior a 100 anos, e a quantidade deles tem aumentado ano após ano.[6] É inegável que o avanço da medicina no tratamento de doenças crônicas e a descoberta de como as doenças iniciam têm cooperado muito para isso, aumentando, assim, a expectativa de vida das pessoas.

Saúde é algo para se cuidar enquanto se tem!

Existe hoje aquilo que tem sido chamado de *blue zones* (em português: Zonas Azuis). As *blue zones* são locais específicos do mundo nos quais as pessoas vivem mais. Entre elas estão: Ogliastra, em Sardenha, na Itália; Okinawa, no Japão; Loma Linda, nos Estados Unidos; Península de Nicoya, na Costa Rica; e Icária, na Grécia. Em Icária, por exemplo, encontrou-se a maior taxa de pessoas com 90 anos de idade no mundo — uma a cada três pessoas chegam a essa idade.

Constatou-se também que a população de Icária possui baixíssimo nível de diabetes e obesidade, 20% a menos de incidências de casos de câncer comparado com a média mundial e 50% menos de pessoas com doenças cardíacas comparado com a média normal do restante do mundo.

[6] VALE, Rogério. **Saúde e performance**. Chave Mestra, 2022, p. 36.

Entre as características em comum dessas regiões estão hábitos similares presentes em praticamente toda a população dos lugarejos, incluindo: alimentação adequada (a mais natural possível), rotina de atividades físicas, constância de hábitos saudáveis comuns (relacionados com o sono, o consumo de água e a exposição ao sol), convívio próximo com a família (estendendo-se a netos e bisnetos, o que seria um importante aliado emocional), manutenção de relacionamentos saudáveis (uma rede de convívio que evita a solidão), saúde mental em dia (menores índices de estresse e organização do tempo para meditação) e aquilo que chamaram de "práticas espirituais", pois a maioria da população de Loma Linda, na Califórnia, é adventista do sétimo dia, e pelo costume da denominação de guardarem um dia para o descanso acabam vivendo uma vida menos agitada e acabam desenvolvendo uma maior prática da fé presente no exercício da religião. Ou seja, as pessoas que normalmente vivem mais acabam possuindo um estilo de vida muito parecido.

Infelizmente, esse conjunto de bons hábitos saudáveis não é algo ainda percebido e respeitado por todos. Problemas relacionados com a alimentação, por exemplo, têm se tornado uma das grandes causas do aparecimento de doenças precoces em muitas pessoas. De um modo geral, a indústria alimentícia destruiu a qualidade da alimentação e se tornou também parceira da indústria farmacêutica. A comida de hoje adoece você para que você se medique, e os remédios de hoje criam efeitos colaterais que precisarão de outros medicamentos para combatê-los, e parece que não há mais volta para isso, pois esta tem sido a realidade do mundo nos últimos cem anos pelo menos.

O uso de alguns remédios para o estômago, por exemplo, tem diminuído no organismo a absorção de ferro, cálcio e o conjunto de vitaminas B, e a ausência desses nutrientes ajuda a desenvolver doenças, como veremos a seguir. O uso de pílulas anticoncepcionais diminui nutrientes no corpo, como magnésio, zinco, selênio, ácido fólico e as vitaminas B6 e B12. O uso de analgésicos têm contribuído consideravelmente para um crescente índice de problemas relacionados ao fígado e aos rins; enfim, envelhecer com saúde não tem sido algo fácil.[7]

Os alimentos consumidos quatro gerações atrás eram, em média, quatro vezes mais ricos em minerais e dez vezes mais ricos em vitaminas e nutrientes do que os de hoje, segundo pesquisa realizada em 2021 pelo centro de Pesquisa Nacional de Exame de Saúde e Nutrição (National Health and Nutrition Examination Survey, NHANES).[8] Essa pesquisa ainda revelou que a concentração de nutrientes e minerais contida hoje nos alimentos é 50% menor do que o mesmo alimento trinta anos atrás.

O trigo que consumimos hoje possui 20 vezes mais glúten do que o trigo consumido há quarenta anos. Como se não fosse o bastante, o consumo desse alimento entre os brasileiros também aumentou significativamente nos últimos quarenta anos e passou de 30 para mais de 60 quilos por ano. Esse excesso

[7] VALE, Rogério. **Saúde e performance**. São Paulo: Chave Mestra, 2022, p. 62.

[8] Ibid., p. 75.

também explica nossa dificuldade de digeri-lo, sem falar que o trigo passou por dezenas de modificações genéticas ao longo dos séculos, fazendo com que o trigo de hoje não seja o mesmo que era consumido nos tempos bíblicos, por exemplo. Além disso, grande parte do trigo consumido hoje é refinado, e esse processo de refinamento retira boa parte de suas fibras e vitaminas, resultando em 60% mais de amido e um índice glicêmico muito maior que o do açúcar.

Justamente por esse motivo, o consumo de trigo tem ocasionado problemas relacionados à resistência à insulina, como, por exemplo, diabetes e obesidade. Sem falar na quantidade de agrotóxicos em grãos e verduras e na quantidade de hormônios em carnes e aves, fazendo com que cada vez mais pessoas desenvolvam quadros inflamatórios no organismo e doenças degenerativas. Com isso, a comida que comemos hoje não é a mesma comida que nossos avós comiam algumas décadas atrás. Ou seja, ainda que você busque comer de maneira saudável, apenas a alimentação não será suficiente para repor todos os nutrientes que seu corpo precisa para funcionar bem.

Talvez, diante de tudo isso, você se questione: "Como é então que, diante de toda essa deterioração da saúde humana, a média de expectativa de vida tem aumentado?". A resposta é simples: cada vez mais as pessoas estão se conscientizando sobre o envenenamento produzido pelas indústrias e estão buscando se alimentar melhor, praticar atividades físicas, dormir melhor e cuidar da saúde. O que cabe a nós é escolher a qual grupo queremos pertencer!

Um dos segredos em comum mais praticados por aqueles que têm cuidado da própria saúde tem sido a busca por uma suplementação diária de vitaminas e nutrientes. Além da qualidade da alimentação, que ao longo dos anos tem piorado, temos ainda um problema natural do organismo, que é o fato de, com o passar dos anos, não conseguirmos produzir naturalmente a mesma quantidade de nutrientes, hormônios e vitaminas que produzimos na juventude. Diante disso, surge a necessidade de suplementar diariamente nutrientes como: magnésio, zinco, coenzima Q10, selênio, vitaminas A, B1, B6, B12, C, D3, E, K2, ferro, entre tantos outros nutrientes, vitaminas e minerais que, com o passar do tempo, o organismo produz menos e silenciosamente vamos lidando com a ausência deles.

A ausência desses nutrientes enfraquece o nosso organismo, diminui a nossa imunidade, deixa-nos mais expostos a quadros de doenças e infecções e levam o nosso organismo a um processo inflamatório que ocasiona muitas outras doenças. As doenças que surgem quando a pessoa tem entre 50 e 60 anos começam, em grande parte, a se desenvolver no organismo quando a pessoa ainda está com os seus 30 anos de idade. Portanto, adotar uma postura preventiva em relação ao acompanhamento da saúde é algo inegociável.

Só para ter uma noção do impacto da ausência desses nutrientes, permita-me compartilhar com você os transtornos que a ausência deles no organismo pode produzir:

- **Magnésio.** Baixos níveis de magnésio no organismo afetam a memória, contribui no desenvolvimento de demência e coopera para o desenvolvimento de doenças cardiovasculares.
- **Vitamina A.** É um poderoso antioxidante, previne problemas nos olhos e na visão (tanto no órgão como também no alcance da visibilidade) e auxilia na saúde das mucosas (partes internas do nariz, garganta, olhos, estômago, etc.).
- **Vitamina B1.** É também chamada de tiamina e é essencial para o metabolismo energético e para as funções neuronais. Além disso, a ausência dessa vitamina pode contribuir para a evolução de quadros de dificuldade respiratória e insônia.
- **Vitamina B6.** A vitamina B6 é uma aliada na produção de serotonina, que é o famoso hormônio da felicidade. A ausência dela interfere no humor, piora quadros depressivos, agrava os sintomas da tensão pré-menstrual nas mulheres (famosa TPM) e contribui para a retenção de líquidos no corpo, fazendo a pessoa sentir-se inchada.
- **Vitamina B12.** A ausência da vitamina B12 contribui para o aumento de irritabilidade, perda de concentração e de memória, aumento da fadiga e alterações no humor.

- **Ferro.** A diminuição de ferro no organismo produz a anemia, diminui a imunidade e ocasiona queda de cabelos. Além dos índices de ferro no organismo, é necessário também acompanhar os níveis de ferritina, pois seu baixo nível produz anemia ferropriva.
- **Zinco.** Sua ausência no organismo contribui diretamente para a diminuição da imunidade; além disso, estudos recentes têm apontado que a ausência de zinco está associada ao desenvolvimento de quadros depressivos.
- **Coenzima Q10.** É uma importante aliada para a saúde cardiovascular, auxiliando no controle do colesterol, reduzindo os radicais livres e agindo como antioxidante para a manutenção da saúde das células no organismo. Deve ser sempre mantida em um nível equilibrado, pois sua ausência causa sérios problemas, mas em índices elevados pode também afetar o sistema sanguíneo com relação à coagulação.
- **Vitamina C.** É um poderoso antioxidante, auxilia extremamente o sistema imunológico, ajuda o organismo na absorção de ferro e combate os radicais livres (que são moléculas que causam doenças degenerativas, o envelhecimento e a morte das células).

- **Vitamina D3.** É uma importante aliada no metabolismo ósseo, auxilia na prevenção de câncer e de doenças autoimunes e é um importante aliado para uma boa imunidade do organismo.
- **Vitamina E.** Auxilia na proteção da saúde neurológica, é fundamental para a proteção da qualidade das células, manutenção da saúde física e mental e retarda o envelhecimento da pele.
- **Vitamina K2.** É extremamente necessária para um envelhecimento saudável, pois é a responsável por equilibrar o cálcio no sangue (prevenindo doenças cardiovasculares), além de favorecer o fortalecimento do cálcio nos ossos. É como se ela retirasse o cálcio das suas veias e o usasse para fortalecer os seus ossos. É extremamente necessária para um envelhecimento saudável.

Além disso, homens a partir dos 30 anos precisam constantemente estar atentos ao nível de testosterona no organismo, pois a vida corrida e estressante, aliada à ausência de atividades físicas e à diminuição das horas de sono, interfere na diminuição da testosterona, e com isso aumenta o nível de cansaço, o esgotamento físico e mental, além de interferir na libido e na atividade sexual.

Aliado a tudo o que acabamos de mencionar, há uma imensa variedade de nutrientes que precisam estar na sua suplementação: a cúrcuma, por exemplo, age desinflamando o seu organismo e prevenindo doenças inflamatórias; o ômega-3 age com ação antioxidante nas células, além de auxiliar nos níveis de colesterol; o consumo de probióticos auxilia na saúde intestinal, diminuindo índices de triglicerídeos e açúcar no sangue; o selênio combate o envelhecimento precoce e auxilia no fortalecimento do sistema imunológico; enfim, você precisa ser intencional em suplementar os nutrientes que são tão necessários para o bom funcionamento do seu corpo.

Por isso, é primordial que você faça exames rotineiros e passe pelo acompanhamento de um médico, pois é através de exames e do acompanhamento de um profissional da saúde que você conseguirá saber o nível de todos esses nutrientes e vitaminas no seu organismo, e qual é a dosagem diária que precisa tomar.

Como dissemos, no início da vida todos eles são produzidos pelo nosso corpo, mas, com o passar dos anos, nosso organismo vai produzindo cada vez menos, e as doenças começam a surgir também por causa do baixo índice deles. Você precisa estar bem para cuidar daqueles que ama e, desse modo, não colocar em risco todo o futuro que Deus preparou para sua vida. Não negligencie sua saúde!

Não negligencie sua vida espiritual

Dentro do entendimento de cuidarmos do ser humano como um todo — corpo, alma e espírito — a vida espiritual também deve ser priorizada. Do mesmo modo que precisamos nutrir o corpo físico, para que ele não fique fragilizado, precisamos também nutrir a nossa vida espiritual para que ela não se torne raquítica e adoecida. É desejo de Deus que você também se desenvolva em sua fé e espiritualidade. Assim como o cuidado com a saúde física deve ser intencional, o cuidado com sua espiritualidade também precisa ser algo que você prioriza desenvolver.

Deus fez o homem para a comunhão com ele! Esta é uma das verdades centrais da Bíblia. O primeiro homem — Adão — desfrutava dessa plena comunhão. O livro de Gênesis nos conta que Deus vinha na viração do dia para se encontrar com Adão. Há aqui um detalhe curioso: a palavra "viração" é um termo de origem grega que vem da *Septuaginta*. O termo original do texto do Gênesis é *ruach*, que em hebraico significa "vento". Literalmente, era no horário do vento da tarde, antes de virar o dia, que Deus vinha, aproximadamente às seis da tarde, para se encontrar com Adão.

Acho isso incrível! Deus estava ensinando algo muito pessoal a Adão sobre o princípio de vida devocional. A lição de Deus para o homem era que a melhor coisa que ele poderia fazer na vida era entender quão precioso seria começar todos os dias em sua presença. Deus estava criando em Adão o hábito de iniciar cada dia com um tempo de comunhão com ele.

Se não tivermos cuidado com isso, seremos levados a iniciar cada dia envolvidos com as agitações da vida, sem darmos o começo do nosso dia como primícia ao Senhor. Priorizar Deus com um tempo de devoção e rendição diante dele continua sendo a melhor forma de começar o dia. A configuração contemporânea da vida tenta nos empurrar para começar o dia respondendo mensagens do WhatsApp ou então lendo as notícias das redes sociais, mas precisamos entender que é a Deus que precisamos dedicar nossos primeiros momentos de consciência do dia. Quem deseja liderar a sua vida precisa aprender a governar o próprio tempo e redimi-lo ao Senhor, fazendo dele sua principal fonte de busca e satisfação para a vida.

Negligenciar o tempo de rendição a Deus, de busca pela sua presença e leitura de sua Palavra é abrir a cada dia espaço para a entrada do pecado e da frieza espiritual. O célebre pregador Dwight Lyman Moody[9] certa vez escreveu sobre a Bíblia:

[9] Dwight Lyman Moody foi um influente evangelista e pregador norte-americano do século XIX, conhecido por sua simplicidade e eficácia na pregação. Nascido em Northfield, Massachusetts, Moody teve uma educação formal limitada e começou sua carreira como vendedor de sapatos. Sua conversão ao cristianismo ocorreu em Boston, após o encontro com seu professor de escola dominical. Moody se tornou uma figura proeminente no movimento de avivamento cristão, tanto nos

"Ou esse livro te afastará do pecado ou então o pecado te afastará desse livro".[10] Por vezes, o distanciamento da prática das disciplinas espirituais é apenas um reflexo da mornidão espiritual que, dia após dia, tenta controlar a nossa rotina. Você não pode negligenciar sua vida espiritual!

Não negligencie sua vigilância pessoal

Um dos detalhes mais intrigantes sobre a queda de Adão sempre nos passa despercebido. Não sabemos em que momento do dia Adão e Eva foram enganados pela serpente e comeram do fruto que Deus havia lhes proibido. Tudo o que sabemos é que pouco tempo depois souberam que estavam nus e se envergonharam por isso. Na sequência, buscaram um modo de esconder sua nudez e então usaram folhas de figueira para "costurar roupas" e cobrir sua nudez. Foi somente após isso que Deus visitou novamente o Éden na viração daquele dia, para mais um encontro com eles.

No entanto, dessa vez algo estava diferente. O ambiente já não tinha mais a mesma leveza; o Éden não continha mais a mesma pureza. A comunhão do homem com Deus havia sido rompida. O que mais me intriga sobre aquele dia é que, horas

Estados Unidos quanto na Europa, organizando grandes campanhas evangelísticas que atraíram milhares de pessoas. Seu legado inclui a ênfase na evangelização e no treinamento espiritual, que continua a influenciar gerações de cristãos até hoje.

[10] GOMES, David. **As anotações da Bíblia de Moody**. Bíblica do Ar, 1980, p. 114.

antes de caírem, Adão e Eva haviam estado com Deus, ou seja, haviam começado aquele dia juntos na viração do dia anterior.

Não sei se você já havia se atentado para isso, mas Adão caiu em um dia no qual havia estado com Deus. Não é que ele estava havia um mês sem estar com Deus. Não é que fazia um ano em que não se encontrava com o Senhor. Não! Não fazia nem 24 horas desde que o último vento da tarde do dia anterior havia soprado, e o eterno e amável Deus havia vindo ao seu encontro para um momento de comunhão. Foi em um dia em que Adão já havia estado com o Senhor que ele falhou em sua vigilância pessoal e, de repente, colocou tudo a perder.

"Ou esse livro te afastará do pecado ou então o pecado te afastará desse livro."

A vida com Deus é uma jornada diária! A guerra contra o pecado é uma batalha que precisa ser vencida todos os dias. É por isso que, se há algum comportamento ou fraqueza que você precisa vencer — seja um vício, um pecado "de estimação", uma prática que não conseguiu superar ou qualquer outro hábito destrutivo —, você deve vencê-lo um dia de cada vez.

É muito perigoso estabelecer metas longas sobre algo que você é tentado diariamente e precisa vencer a cada instante. Por isso, suas metas precisam ser curtas e, de preferência, diárias.

Imaginemos, por exemplo, que alguém tem um vício em determinada substância química e decide ficar um mês inteiro sem consumi-la, mas já no terceiro dia tem uma recaída e acaba usando-a novamente. Qual sentimento essa pessoa terá em relação ao compromisso que assumiu para os trinta dias? Certamente por ter falhado, pensará que todo o seu propósito pessoal foi perdido. Imagine, porém, se, em vez de trinta dias, ele decidisse fazer propósitos diários em não fracassar, não seria um desafio muito mais fácil?

Certamente sim, pois uma guerra é mais facilmente vencida se vencermos uma batalha de cada vez. A celebração de um dia bem-sucedido fortalece a esperança para que dia após dia nossas fragilidades sejam superadas. Vença um dia de cada vez e não negligencie a sua vigilância pessoal!

Você não pode
negligenciar sua
vida espiritual.

Capítulo 8

Faça da excelência um alvo

Todos gostamos da ideia de "excelência", mas o que, de fato, é a excelência? A gramática portuguesa define excelência como aquilo que é de qualidade muito superior. O termo vem do latim, da palavra *excellere*, que significa "aquilo que excede, aquilo que é eminente". Em outras palavras, excelência é aquilo que não se contenta em ser comum. É a marca daqueles que não entram para fazer nada menos do que o melhor.

Aristóteles[1] definiu perfeitamente o caminho para a excelência ao dizer: "Somos o que repetidamente fazemos".[2] A excelência, portanto, não é um feito, mas um hábito. Isso, porque, quando ela é praticada diariamente em pequenas doses, passamos a promover melhoras significativas, uma vez que a virtude

---

[1] Aristóteles foi um filósofo grego de grande renome. Discípulo de Platão e tutor de Alexandre, o Grande, Aristóteles fundou o Liceu em Atenas, onde desenvolveu uma vasta obra que abrange lógica, ética, metafísica, política e biologia. Sua *Ética a Nicômaco* destaca-se pela teoria da virtude como hábito, enfatizando o desenvolvimento do caráter para alcançar a eudaimonia, ou "vida boa". Suas contribuições para a lógica e a classificação sistemática do mundo natural marcaram profundamente o pensamento ocidental, influenciando tanto a filosofia quanto a ciência.

[2] BENNETT, Arnold. **Como viver 24 horas por dia**. Princípios, 2021, p. 75.

de um ser humano está na disposição em buscar desempenhar bem a sua função.

Martin Luther King[3] disse certa vez: "Se um homem é chamado para ser um varredor de rua, ele deve varrê-la da mesma forma que Michelângelo pintava um quadro, que Beethoven compunha uma música e que Shakespeare escrevia uma poesia. Ele deveria varrer as ruas tão bem que todos os exércitos do céu e da terra parassem e dissessem: 'Aqui viveu um grande varredor de ruas que fez excelentemente o seu trabalho'".[4]

Como Salomão escreveu: "Tudo quanto te vier à mão para fazer, faze-o com todas as tuas forças, porque na sepultura, para onde vais, não há trabalho, nem projeto, nem conhecimento, nem sabedoria" (Eclesiastes 9.10, AS21). A excelência é algo para ser usado nesta vida!

Gosto desta frase de Mário Sérgio Cortella:[5] "Faça o seu melhor, enquanto você não tem condições melhores para fazer

[3] Martin Luther King Jr. foi um líder proeminente no movimento dos direitos civis dos Estados Unidos, conhecido por sua defesa da não violência e da desobediência civil para combater a segregação racial e a injustiça. Nascido em 1929, King ganhou destaque nacional ao liderar o boicote aos ônibus de Montgomery em 1955. Ele foi o fundador da Conferência de Liderança Cristã do Sul (SCLC) e é amplamente lembrado pelo seu discurso "Eu tenho um sonho" durante a Marcha sobre Washington em 1963. Seu trabalho levou à aprovação de leis importantes, como o Ato dos Direitos Civis de 1964. King recebeu o Prêmio Nobel da Paz em 1964 e continuou a lutar por justiça até seu assassinato em 1968.

[4] MCLEAN, Alan. **Martin Luther King**. Oxford, 2008, p. 84.

[5] Mário Sérgio Cortella, nascido em 1954 em Londrina, Paraná, é um filósofo, escritor, educador e palestrante brasileiro. Cortella é doutor em educação e mestre em filosofia, tendo lecionado em instituições como a Pontifícia Universidade Católica de São Paulo e a Fundação Dom Cabral. Sua obra frequentemente aborda temas como ética, filosofia da educação e espiritualidade. Ele é conhecido por suas reflexões sobre a importância do conhecimento e da ética nas relações humanas e na sociedade.

melhor ainda".[6] Este é o DNA da excelência, pois excelência é fazer o melhor nos limites das possibilidades do que hoje pode ser feito. O seu melhor pode até não ser o melhor para alguém, mas é o seu melhor, e, para o seu desenvolvimento hoje, isso será suficiente. Repito, ser excelente não é ser perfeito, mas o melhor possível! Isso, porque a perfeição é um nível inatingível, mas a excelência é um alvo possível de ser alcançado e que dignifica a vida!

A excelência é um hábito que se transforma em estilo de vida. Não está vinculada à sua condição financeira, mas à sua mentalidade, organização, disciplina e comportamento. Não tem a ver com quanto dinheiro você tem, mas com o nível de cuidado e zelo que emprega quando faz algo! Há pessoas riquíssimas, porém medíocres; e há pessoas financeiramente limitadas que são excelentes no que fazem. Em outras palavras, a excelência tem a ver com dedicação e capricho, e isso fica evidente em cada detalhe.

A excelência é uma inquilina que se muda frequentemente

Não se contente com aquilo que hoje é excelente, porque, em pouco tempo, deixará de ser. Robb Thompson magistralmente descreveu isso quando disse: "A excelência do hoje será a mediocridade do amanhã".[7] Esta é uma verdade que vem sendo provada ao longo dos anos. Em um cenário no qual tudo se

---

[6] CORTELLA, Mário Sérgio. **Qual é a tua obra?** Vozes, 2015, p. 84.

[7] THOMPSON, Robb. **Passaporte para a promoção**. Central Gospel, 2012, p. 24.

atualiza em questão de instantes, contentar-se com o que já foi excelente pode não ser uma boa escolha.

A excelência é um alvo móvel, não um padrão fixo. Quando chegarmos a um resultado acreditando ter alcançado determinado nível de excelência, certamente o conceito do que é excelente já terá evoluído. O que fazemos hoje com alta qualidade em pouco tempo ficará obsoleto e novas atualizações serão necessárias para continuarmos fazendo a mesma coisa com excelência.

Uma das piores coisas que alguém pode fazer para o desenvolvimento pessoal é parar de se atualizar: a atualização é um desafio constante. Imagine que você tivesse de passar por uma cirurgia urgente e houvesse dois médicos prontos para fazer a operação. O primeiro é um velho amigo de infância, alguém que você gosta muito, mas que concluiu seu curso de medicina há trinta anos e, de lá para cá, apenas reproduz o que aprendeu na universidade três décadas atrás, sem participar de nenhum outro curso ou atualização após terminada sua graduação. O segundo também é um profissional da área, mas você ainda não o conhece. Ele se formou também há trinta anos, mas, de lá para cá, participa todos os anos dos melhores estudos e conferências da área, está sempre se atualizando com as técnicas mais eficientes para aquele procedimento cirúrgico e atualiza constantemente toda a sua equipe médica e os equipamentos cirúrgicos com os quais ele trabalha.

Qual dos dois médicos você gostaria que lhe operasse? Certamente o mais atualizado! Se não confiamos em alguém desatualizado para uma cirurgia, por que, então, pensamos que as pessoas abrirão seu coração para aprender e ouvir alguém que não se atualizou?

É um perigo quando tudo o que conheço sobre a Bíblia é apenas o que estudei no seminário anos atrás; quando tudo o que conheço sobre leis é apenas o que estudei no curso de direito décadas atrás; quando tudo o que conheço sobre medicina é apenas o que um dia estudei na graduação para ser médico décadas atrás na universidade, pois em todos os segmentos as coisas sempre se atualizam!

Talvez os fundamentos, dependendo da área, não sejam alterados (como os fundamentos e princípios da Bíblia), mas a forma de entender e executar pode sim necessitar de alterações. O modo como se pregava o Evangelho e ganhava-se pessoas trinta anos atrás, por exemplo, era por meio de cruzadas de rua e cultos ao ar livre; hoje é mais eficiente fazer isso por meio de grupos de relacionamento e estratégias de alcance pela internet, ou seja, o fundamento não mudou (anunciar Cristo), mas a forma de fazer foi atualizada.

Nada nesta vida será excelente da mesma forma para sempre, por isso, se não nos submetermos a uma constante atualização, podemos ficar ultrapassados e lidarmos com resultados cada vez mais inferiores. Faça da excelência um alvo, mas não se esqueça de que ela sempre será um alvo móvel — será necessária uma constante atualização!

A excelência da atualização passa pela autoanálise constante

É perigoso demais não se autoquestionar! Tirar a mente do automático e constantemente se questionar é tarefa indispensável para quem deseja se atualizar.

Um experimento realizado com cinco macacos há alguns anos nos ensina muito sobre isso. Colocaram quatro macacos em uma jaula e uma escada em um dos lados. Pouco tempo depois lançaram dentro da jaula um quinto macaco, e na sequência colocaram um cacho de bananas no topo da escada. O macaco que havia pulado por último na jaula prontamente correu até a escada para pegar o cacho de bananas, mas quando isso aconteceu, algumas pessoas previamente posicionadas jogaram baldes de água nos macacos que estavam embaixo na jaula. O resultado foi que os outros quatro macacos imediatamente puxaram o novato da escada e bateram nele, entendendo que haviam sido molhados por conta da atitude do quinto macaco.

Minutos depois, tiraram um dos macacos que haviam sido colocados antes e colocaram um novo macaco em seu lugar. Quando este último viu o cacho de bananas, imediatamente correu para a escada a fim de pegá-las. No mesmo instante, os macacos que já estavam na jaula pegaram o macaco que havia acabado de entrar e também bateram nele, mas, dessa vez, ninguém jogou água.

Tiraram novamente um dos primeiros macacos e colocaram outro em seu lugar, que repetiu o mesmo comportamento do macaco anterior, e novamente houve uma punição para o macaco novato. Continuaram fazendo a troca de macacos por algumas vezes até que, por fim, havia cinco macacos dentro da jaula que agrediam todos os macacos novos que queriam pegar uma banana, porém sem nunca terem recebido um balde de água, como os macacos iniciais. Estavam apenas reproduzindo um comportamento, embora não soubessem o motivo.

Tirar a mente do automático e constantemente se questionar é tarefa indispensável para quem deseja se atualizar.

Essa história é bastante sugestiva também para a análise do comportamento humano, pois todas as vezes que nos limitamos a apenas repetir comportamentos, sem antes analisarmos o motivo pelo qual fizemos aquilo, terminamos fazendo as coisas apenas do jeito costumeiro, sem nos perguntarmos se aquela é ainda a única forma de fazer aquilo, correndo o sério risco de nos tornarmos pessoas que agem inconscientemente no automático. Somente conseguiremos atualizar e desenvolver a nossa vida se aprendermos a racionalizar e questionar nossos comportamentos.

Por isso, é tão importante sempre refletir: "Por que faço as coisas apenas desse jeito?", "Por que reproduzo esse modelo de ser esposo(a)? Será que é porque cresci em um lugar onde ser esposo(a) significava ser assim?", "Por que sou um pai desse jeito?", "Por que sou um patrão que trata os funcionários dessa forma? Não será porque tive um patrão que me tratava desse modo e pensei que esta seria a única forma de gerir pessoas no ambiente profissional?", "Por que sou um pastor com esse formato e faço apenas essas coisas, em vez de também fazer outras? Será que não estou apenas reproduzindo um comportamento sem refletir se esta é ainda a melhor forma de fazer o que estou fazendo?".

Se não tirarmos nossa vida do automático, caminharemos apenas para fazer do nosso futuro uma repetição do nosso presente, e talvez alguém que está lendo este livro agora esteja fazendo do presente apenas mais uma repetição do que um dia já foi o passado. É preciso parar e fazer uma autoanálise para refletir como estamos administrando a própria vida.

É preciso fazer da prática da excelência uma rotina. Analise se não há uma forma mais atual de fazer o que você está fazendo hoje. Desenvolva criatividade e não faça algo somente porque um dia viu alguém fazer. Recicle-se. É possível fazer tudo hoje de um modo muito melhor do que um dia alguém realizou — a atualização pessoal sempre passa pela autorreflexão.

A excelência e a mediocridade são duas pontes. Só uma pode ser escolhida!

Um dos antônimos da excelência é a mediocridade e, curiosamente, ela não consiste no que é ruim, mas no que é comum, médio, normal e ordinário, enquanto o excelente é aquilo que se tornou "extraordinário". Diante disso, ser excelente é ser justamente mais do que o comum. Pois você nunca será recompensado pelo que é igual ou semelhante, mas sim por suas diferenças naquilo em que se sobressai quando realiza.

Como já dissemos anteriormente: "Tanto para pessoas excelentes como para pessoas medíocres, para ambas, Deus confiou 24 horas por dia. O que os transformou em excelentes e medíocres foi justamente o que eles fizeram com essas 24 horas",[8] conforme ensina Robb Thompson. As pessoas sempre serão lembradas ou pela excelência, ou pela ausência dela, porque sempre haverá um nível mais excelente para fazer aquilo que estamos fazendo agora. Se fizermos apenas o que outros já estão fazendo, estaremos apenas na média, e este não é o nível dos excelentes. Sempre há um nível mais excelente a ser alcançado!

Em outras palavras, você nunca crescerá se fizer apenas o que as pessoas esperam de você. O crescimento acontece quando você vai além daquilo que é esperado. É preciso andar a segunda milha e fazer mais do que o normal e comum.

[8] THOMPSON, Robb. **Passaporte para a promoção.** Central Gospel, 2012, p. 46.

O nível de excelência que você desenvolver determinará os ambientes que você frequentará. Salomão sabia disso e escreveu: "Você já observou um homem habilidoso em seu trabalho? Será promovido ao serviço real; não trabalhará para gente obscura" (Provérbios 22.29). Pessoas excelentes combinam com lugares excelentes. Por isso, quem se destaca pela excelência que possui definirá em quais mesas se assentará. A seletividade em definir quais hábitos você desenvolverá o conectará com as pessoas certas na vida.

Todos precisamos nos desenvolver, não para sermos melhores do que alguém, mas para sermos melhores do que somos hoje. Nosso hoje precisa ter sido melhor do que éramos ontem, e nosso amanhã precisará ser melhor do que estamos sendo agora, pois a excelência sempre será um horizonte a ser perseguido.

Não há arrependimento na excelência! Esta tem sido uma das convicções mais claras em minha vida. Se você foi excelente no que fez, não há do que se arrepender. Se deu seu melhor, não há do que se queixar. Se fez tudo o que podia ser feito, não há razões para se lamentar, simplesmente porque não há espaço para arrependimento no coração de quem fez seu melhor.

É por isso que as pessoas excelentes vivem intensamente o que fazem, dando-se de corpo e alma. Não fazem pela metade ou apenas com o corpo ali e a mente em outro lugar.

As pessoas excelentes são as que entenderam que uma das duas pontes precisarão ser acessadas na vida — ou trilharemos a ponte da excelência, que nos conectará a um cumprimento de propósito e senso de realização pessoal, ou então nos conectaremos a um caminho de mediocridade, que acarretará frustrações, dissabores e arrependimentos. Uma das duas direções deverá ser escolhida!

A decisão por uma vida excelente precisa ser uma decisão diária e intencional. É literalmente viver um dia bem vivido de cada vez. John Maxwell ensina a esse respeito: "Sucesso é uma combinação de incontáveis dias vividos de modo bem-sucedido".[9] Ele também diz que uma das coisas que as pessoas constantemente confundem é a diferença entre o dia do sucesso e o da premiação. Maxwell ensina que o dia do seu sucesso não foi o da sua formatura quando você recebeu um diploma — aquele foi apenas o dia da premiação. Seu sucesso foi no dia em que você quase trancou a matrícula da universidade, mas decidiu insistir. Seu sucesso foi no dia em que suas emoções, viciadas em nunca concluir nada, tentaram empurrar você a deixar mais um projeto inacabado pelo meio do caminho, mas você simplesmente tirou forças da fraqueza e continuou um pouco mais.

Ali foi o dia do seu sucesso! Você não tem ele registrado em uma foto. Não havia um canudo na sua mão. Pessoas não estavam arrumadas para festejarem com você — você estava sozinho! Apenas com suas crises e medos, mas aquele foi seu dia de sucesso! O outro foi apenas o dia da premiação.

---

[9] MAXWELL, John. **As 21 indispensáveis qualidades de um líder**. Mundo Cristão, 2000, p. 118.

A excelência se desenvolve na rotina e por fim se transforma em um legado

Talvez o grande desafio da vida para o desenvolvimento pessoal esteja ligado à nossa rotina. A excelência se constrói na rotina! Primeiro forma-se um hábito, depois se desenvolve uma cultura. Isso tem tudo a ver com o que o apóstolo Paulo escreveu: "E não vos conformeis com este mundo, mas transformai-vos pela renovação do vosso entendimento" (Romanos 12.2, ARC), pois tudo o que precisa ser mudado na nossa vida primeiramente precisa ser transformado em nossa mente. Depois disso é que experimentaremos "a boa, agradável e perfeita vontade de Deus", e a vontade de Deus é que desenvolvamos a excelência, pois, como escreveu Bill Hybels:[10] "A excelência honra a Deus e inspira as pessoas!".[11]

Particularmente, considero Jonathan Edwards uma das pessoas que melhor conseguiu desenvolver em sua vida pessoal uma cultura de excelência em sua rotina, e isso estava totalmente

[10] Bill Hybels é o fundador e ex-pastor sênior da Willow Creek Community Church em South Barrington, Illinois, uma das maiores igrejas nos Estados Unidos. Fundada em 1975, Willow Creek tornou-se um modelo de igreja contemporânea, com um enfoque em cultos modernos e sermões práticos. Hybels também é o criador do Global Leadership Summit, um evento anual que visa treinar líderes ao redor do mundo. Ele também é autor de vários livros sobre liderança e espiritualidade, publicado como *Liderança corajosa*, Editora Vida, e publicado como *Ocupado demais para deixar de orar*, United Press.

[11] HYBELS, Bill. **Chamados para liderar**. Pórtico, 2012, p. 144.

A excelência se
constrói na rotina!

relacionado à celebração das disciplinas espirituais. Edwards foi provavelmente o maior teólogo norte-americano que já existiu. Viveu no século 18 e, quando tinha aproximadamente 18 anos, por volta de 1722, escreveu 70 declarações que estabeleciam seus propósitos de vida. Tratava-se de 70 votos pessoais que regeriam suas decisões, sua forma de se relacionar com as pessoas e com suas emoções e o cuidado com a santidade pessoal enquanto vivesse. Constantemente, Edwards relia aquelas resoluções e submetia sua vida e comportamento aos votos que havia feito para dirigir sua conduta.

A seletividade em definir quais hábitos você desenvolverá o conectará com as pessoas certas na vida.

Permita-me compartilhar com você algumas dessas firmes resoluções:

- **1ª Decisão:** "Resolvi que tudo que for fazer considerarei se está sendo para a glória de Deus. Resolvi que farei tudo aquilo que entender que é meu dever, seja qual for a dificuldade que encontre, mas farei para o bem e proveito da humanidade em geral".
- **5ª Decisão:** "Resolvi lutar para nunca perder um momento, mas aproveitar o tempo da forma mais vantajosa que puder".
- **7ª Decisão:** "Resolvi nunca fazer qualquer coisa que evitaria fazer, caso soubesse que estava vivendo a última hora da minha vida".
- **8ª Decisão:** "Resolvi agir e falar como se ninguém fosse tão vil como eu e como se eu tivesse cometido os mesmos pecados e possuísse as mesmas fraquezas que as outras pessoas. Resolvi que farei com que o conhecimento que tive dos defeitos delas contribua apenas para que me envergonhe de mim mesmo, confesse diante de Deus meus pecados e misérias e nunca me orgulhe diante dos outros pelos pecados que eles cometeram".
- **9ª Decisão:** "Resolvi meditar bastante sobre a minha morte e sobre quais consequências existiriam por causa delas" (era uma decisão sobre viver uma vida responsável para que outras pessoas não fossem prejudicadas ou escandalizadas na hora de sua partida por causa dele).

- **10ª Decisão:** "Resolvi que, ao sentir dor, pensarei logo nas dores do martírio e também nas dores do inferno" (era uma decisão sobre usar algo ruim, como a dor, para se lembrar do sacrifício daqueles que morreram defendendo sua fé e sobre a angústia eterna, que é a vida na eternidade sem Deus).
- **14ª Decisão:** "Resolvi que jamais farei coisa alguma em minha vida motivado por vingança".
- **15ª Decisão:** "Resolvi jamais descontar qualquer manifestação pessoal de ira em relação aos seres irracionais".
- **16ª Decisão:** "Resolvi jamais falar mal de qualquer pessoa, em qualquer grau de intensidade, ou em qualquer caso, de forma que haja a possibilidade de trazer-lhe desonra, a não ser que seja em extrema necessidade para o bem real".
- **17ª Decisão:** "Resolvi que viverei como desejaria ter vivido, caso estivesse impossibilitado de viver em um leito de morte".
- **20ª Decisão:** "Resolvi manter a mais rígida temperança no comer e beber".
- **21ª Decisão:** "Resolvi jamais fazer algo que, se visse alguém fazendo, consideraria como uma justa causa para desprezá-la ou pensar mal dela".
- **24ª Decisão:** "Resolvi que todas as vezes que praticar uma ação visivelmente má, analisarei a mesma até chegar à sua causa original e, então,

esforçar-me-ei cuidadosamente para não repeti-la, bem como para lutar e orar, com todas as minhas forças, contra a causa que a originou".

- **26ª Decisão:** "Resolvi livrar-me completamente daquilo que abate a minha segurança" (sobre a vida e a eternidade).
- **28ª Decisão:** "Resolvi estudar as Sagradas Escrituras do modo mais firme, constante e frequente que puder, para que perceba com clareza se estou crescendo no conhecimento dela".
- **30ª Decisão:** "Resolvi esforçar-me ao máximo, a cada semana, para atingir um patamar mais elevado no que se refere ao meu relacionamento com Deus do que alcancei na semana anterior".
- **34ª Decisão:** "Resolvi não falar coisa alguma que não seja a pura e simples verdade".
- **37ª Decisão:** "Resolvi me indagar, todas as noites antes de ir para a cama, em que fui negligente, que pecado cometi e em que situação fui omisso e neguei a mim mesmo, e fazer o mesmo ao final de cada semana, mês e ano".
- **40ª Decisão:** "Resolvi me indagar, todas as noites antes de ir para a cama, se agi de maneira sábia naquele dia em relação à minha alimentação acerca do que comi e bebi".
- **43ª Decisão:** "Resolvi que viverei, até meu último dia, de modo algum como se a minha vida

pertencesse a mim mesmo, mas como pertencente inteiramente a Deus".

- **51ª Decisão:** "Resolvi que agirei, em todos os sentidos, como penso que desejaria ter agido se me encontrasse numa situação de condenação eterna".
- **54ª Decisão:** "Resolvi que, ao ouvir um elogio dito a qualquer pessoa, sobre algo que creio que também seria louvável se existisse em mim, esforçar-me-ei para imitá-la".
- **55ª Decisão:** "Resolvi me esforçar ao máximo para agir como creio que agiria, caso já tivesse visto a felicidade celestial e os tormentos do inferno".
- **56ª Decisão:** "Resolvi nunca ceder, o mínimo que seja, para diminuir a minha luta contra as minhas corrupções, por mais malsucedido que eu venha a ser".
- **67ª Decisão:** "Resolvi que, após passar por situações de aflição, avaliarei em que elas me tornaram melhor, qual proveito tirei delas e o que poderia ter aproveitado mais e não o fiz".
- **69ª Decisão:** "Resolvi sempre fazer tudo aquilo que certamente desejaria ter feito, se visse isto sendo feito por outra pessoa".

E, por último, a 3ª Decisão: "Resolvi que, se ao revisar constantemente estas decisões, perceber que me tornei insensível, a ponto de negligenciar qualquer uma destas decisões, arrepender-me-ei de todas as coisas das quais pude me lembrar quando recobrar a lucidez".

Quão preciosas são essas decisões! Jonathan Edwards passava constantemente por elas e submetia sua vida a uma profunda reflexão e meditação sobre se em alguns desses pontos ele estava sendo vacilante. Homens resolutos, assim como Edwards, sempre possuirão convicções firmes, enquanto homens fracos quase não terão convicções. Somente conseguiremos desenvolver excelência na nossa rotina e caminharemos rumo ao desenvolvimento pessoal se submetermos nossa vida a um constante exercício de autoanálise.

Um dos resultados reais na transformação da excelência em rotina é que ela produzirá um legado na vida de outras pessoas. No início do século XX, um cuidadoso trabalho de pesquisa catalogou a descendência de Jonathan Edwards. Os resultados foram impressionantes. Da descendência de Edwards vieram mais de 300 pastores, missionários e professores de teologia, 120 professores universitários, 110 advogados, 75 oficiais da marinha e do exército norte-americano, mais de 60 médicos, mais de 60 escritores, 30 juízes, 14 reitores de universidades, inúmeros colaboradores da indústria norte-americana, 80 oficiais de cargos públicos, 3 prefeitos de cidades, 3 governadores de estados, 3 senadores, 1 capelão do senado norte-americano e 1 vice-presidente dos Estados Unidos.

Tragicamente, há também outra pesquisa que refez a descendência de Max Jukes, que era contemporâneo de Edwards, porém um homem que não cria na existência de Deus e tinha uma vida impiamente desordenada. Foram catalogados mais de 560 descendentes de Max Jukes, e descobriram que mais de 300 morreram como indigentes (sem que ninguém se interessasse pelo corpo), aproximadamente 150 descendentes tornaram-se criminosos, entre eles 7 assassinos; pelo menos 100 descendentes de Jukes eram alcoólatras e mais da metade das mulheres tiveram problemas com prostituição.

Um cálculo realizado com a descendência de Max Jukes apontou que eles custaram aos cofres públicos norte-americanos mais de 1,3 milhão de dólares. Já a descendência de Jonathan Edwards, além de não onerar pela criminalidade os cofres da União, ainda serviu por várias gerações aos Estados Unidos em diversas funções e profissões — tudo isso porque, literalmente, uma vida de excelência resulta em um poderoso legado.

Homens resolutos sempre possuirão convicções firmes, enquanto homens fracos quase não terão convicções.

Capítulo 9

Ande com alguém que já chegou!

Você já sabe aonde quer chegar? Ter uma definição clara sobre isso definirá muita coisa na sua vida! Até mesmo como você usará seu tempo, como estabelecerá suas prioridades e com quais pessoas andará. Cito mais uma vez a máxima que diz: "Se consegui enxergar longe, é porque vi pelos ombros de gigantes". Esta é uma verdade incontestável sobre o poder dos relacionamentos, pois as pessoas com as quais andamos sempre influenciarão o nosso modo de enxergar a vida.

O desenvolvimento é uma consequência, não um presente. Não acontece por acaso, mas é fruto de planejamento. Igualmente, o sucesso não é algo acidental, mas sim intencional e faz parte de um alvo a ser perseguido diariamente. Por isso, visitar novos ambientes, conhecer novos lugares, ler novos livros e se conectar com novas pessoas é a melhor opção para quem decidiu não parar de crescer e desenvolver.

Por esse motivo, sempre será necessária a figura do mentor. Particularmente, penso que existem duas figuras diferentes que precisam ser entendidas: a figura da referência e a do mentor.

A pessoa que se torna uma referência é aquela que já chegou hoje onde você quer estar em vinte anos, seja na vida pessoal, profissional, familiar, financeira ou ministerial. Quem é que está fazendo hoje o que você quer estar fazendo em vinte anos? Essa pessoa é a sua referência!

O mentor é um pouco diferente disso — é aquele que o acompanha nesse caminho, e infelizmente nem sempre conseguiremos ter em nossa referência alguém disponível para ser nosso mentor.

Permita-me fazer uma ilustração para simplificar a diferença entre esses dois indivíduos. Imagine que você é um empresário do ramo de vendas de eletrodomésticos e o seu alvo empresarial é ter mil lojas da sua empresa em todo o Brasil em vinte anos. Imagine, no entanto, que a loja "X" já tenha alcançado hoje essas mil lojas no país e o proprietário dela seja também seu fundador. Esse empresário já teria conseguido, em sua expansão empresarial, alcançar uma meta semelhante à sua, correto? Sabe o que ele representa para você? Uma referência, pois está fazendo hoje o que você quer fazer e ter alcançado em vinte anos.

No entanto, o que fazer para ter tantas filiais em apenas duas décadas? Talvez uma boa estratégia seria inicialmente abrir uma filial em cada capital do Brasil e depois abrir mais três lojas em cada estado nas principais cidades do interior, para que depois continuasse a expansão. Mas quanto tempo você gastaria para fazer isso? Talvez dez ou quinze anos? Tanto esforço não teria resultado nem em 120 lojas ainda. Entretanto, imagine se você tivesse mensalmente uma consultoria com o fundador da loja "X" e fosse orientado por ele a respeito do caminho que ele trilhou para chegar a essas mil lojas. Certamente, ele lhe diria que, ao começar, havia pensado também como você, mas acabou perdendo tempo com essa estratégia e perdeu muito capital financeiro insistindo apenas nesse planejamento, mas se você refizesse sua rota de expansão e desenvolvesse outras estratégias, assim como ele havia feito, sua meta se tornaria muito mais fácil de ser alcançada. Sabe qual seria o impacto da mentoria dele para você? Ele teria feito você encurtar o caminho, ganhar tempo, economizar recursos e aliviaria toda a sua trajetória!

Sabe qual o grande benefício que essa consultoria teria lhe trazido? Ela teria transformado sua referência em seu mentor! Pois essa pessoa não seria apenas alguém que chegou ao seu destino desejado, mas também alguém disposto a lhe acompanhar por este caminho.

A Bíblia e a história da humanidade apontam múltiplos casos que comprovam isso. Timóteo foi formado andando com Paulo; os discípulos foram forjados andando com Jesus; Eliseu foi preparado andando com Elias, do mesmo modo que Moisés acompanhou por anos o jovem Josué; entre tantos outros grandes exemplos que as Sagradas Escrituras nos informam.

Historicamente, esta é também uma lição evidente. Na Grécia Antiga, Sócrates foi o mentor de Platão, Platão mentoreou Aristóteles e Aristóteles mentoreou Alexandre, o Grande, que foi o último grande nome do Império Grego. Cada um deles dedicou sua vida para preparar o próximo, pois o futuro se constrói formando pessoas.

Um mentor precisa ser bem escolhido, pois ninguém saberá guiar o outro por um caminho que nunca trilhou. Outro detalhe é que nem sempre um mentor em uma área será ideal para mentorear em outras áreas. Alguém pode, por exemplo, ser um mentor em inteligência emocional, mas não em administração financeira. Pode ser um mentor em uma área de treinamento e ensino, mas talvez não seja uma referência em seu relacionamento familiar. É preciso ter isso em mente!

Em outras palavras, você precisará de pessoas diferentes para orientá-lo em áreas diferentes da vida, porque deve aprender com alguém que já está em um nível que você gostaria de estar.

Muitos têm debatido sobre a possibilidade de ter um mentor virtual ou se o mentor precisa ser presencial. Particularmente, penso que nada substitui um mentor presencial. Reconheço que alguém pode ser influenciado e beneficiado pela leitura de bons livros, pelo conteúdo de boas palestras e por boas programações que podem ser assistidas; no entanto, ser mentoreado por alguém é diferente de apenas receber instrução. Ser mentoreado por alguém é ser modelado por essa pessoa, pois o mentor orienta, repreende, confronta e alinha.

Mentoria é reformulação, pois o papel do mentor é pôr você em uma fôrma. Ele é a pessoa que desconstrói manias, maus hábitos e crendices que podem atrapalhar o seu desenvolvimento pessoal. Um mentor não é um guru. Nem sempre ele o agradará, pois o alvo dele não é o seu conforto, mas crescimento. Um mentor tem um compromisso com o seu futuro.

O mentor precisa ter autonomia para confrontar você; é claro que sempre respeitando a clássica lei dos relacionamentos: os elogios são feitos em público, mas as correções, em particular, porque o propósito não é expor, mas aperfeiçoar. Todavia, o mentor precisa ser alguém que tem liberdade para corrigir você quando necessário, porque é perigoso demais viver sem ser acompanhado por outra pessoa. Até porque o ser humano se desenvolve melhor sob pressão!

Um mentor o ajudará no desenvolvimento de sua integridade, e esta é uma virtude que precisará ser preservada a todo custo, pois a imagem que as pessoas terão de você será proveniente dela, e inevitavelmente a honra que você carrega será consequência da imagem que as pessoas terão de você — e isso passa pela sua integridade.

O mentor é alguém que enxerga detalhes que passam despercebidos por você na gestão da sua vida pessoal. Ele enxerga áreas que fazem parte do "ponto cego" da autogestão, e infelizmente aquilo que você desconhece você perde. Como já disse no capítulo 5: "Alguém que não conhece sobre administração financeira, seu dinheiro o abandonará. Alguém que não conhece sobre companheirismo, suas amizades se dissiparão. Alguém que não conhece sobre as próprias emoções, seus comportamentos o prejudicarão". Ou seja, é extremamente necessário ser acompanhado por alguém capacitado para que essas lacunas se tornem mínimas.

Outro ponto ainda a ser considerado é que o mentor não é a pessoa que decide por você. Ter um mentor não o isenta das suas responsabilidades e deveres. Ele apenas lhe descortina um caminho, mas você precisa ser capaz de fazer suas próprias decisões.

Até porque a vida é feita de escolhas, e todo ser humano faz, aproximadamente, mais de 300 por dia. Embora as pessoas não se atentem a isso, você decide que horas acordará, o que comerá no café da manhã, qual roupa usará e escolhe qual calçado calçará. Há aqueles que escolhem em qual carro sairão e qual perfume usarão. Você escolhe que horas sairá, qual rota fará ou então qual meio de transportes usará, enfim, em todo momento estamos fazendo escolhas na vida.

Há escolhas que, independentemente de qual você fará, não lhe trarão consequências ou impacto algum, mas há escolhas cujas consequências podem colocar tudo a perder se você optar por elas. É exatamente para esse tipo de decisão que você precisa do conselho e da orientação de alguém que o ajudará a saber qual é o melhor caminho.

O mentor lhe mostrará, às vezes, três opções que você pode seguir e o que provavelmente acontecerá se você seguir cada uma dessas direções. O mentor iluminará o caminho e fará você enxergar melhor onde está pisando. Portanto, será fundamental para você andar com alguém que já passou pelo caminho que está prestes a passar. Isso tornará sua caminhada mais leve e produtiva!

Ter um mentor não o isenta das suas responsabilidades e deveres. Ele apenas lhe descortina um caminho, mas você precisa ser capaz de fazer suas próprias decisões.

Capítulo 10

Faça do futuro uma visão!

O futuro deve estar estampado à sua frente como uma visão, e você precisa estar constantemente em contato com ele!

Uma visão do futuro funciona como o desenho de um quebra-cabeça. Você terá dificuldades em chegar ao resultado final se não souber o que está montando e construindo, pois é justamente a visão de para onde você está indo que o fará perceber onde cada peça se encaixa.

Alguém que não tem nitidez da visão que está perseguindo tanto desperdiçará tempo em sua vida como também construirá algo que talvez lá na frente não fará muito sentido. Ter uma visão nítida sobre o amanhã o fará se mover de modo intencional e consciente na direção certa.

Uma das histórias mais inspiradoras sobre visão de futuro que já ouvi é a história empreendedora de Walt Disney.[1]

---

[1] Walt Disney, nascido em 5 de dezembro de 1901 em Chicago, Illinois, foi um pioneiro da animação e um dos mais influentes produtores de cinema do século XX. Ele cofundou a Walt Disney Company, que se tornou um dos maiores conglomerados de entretenimento do mundo. Disney criou personagens icônicos como

Walt Disney nasceu em Chicago, em 1901, e embora o parque mais conhecido da Disney seja o Magic Kingdom, em Orlando, o primeiro parque construído por Walt Disney foi o Disneyland, que está em Anaheim, na Califórnia.

Lamentavelmente, Walt Disney não conheceu o Magic Kingdom, porque faleceu enquanto ainda estava sendo construído, em 1966. O Magic Kingdom seria inaugurado apenas cinco anos depois, em 1971.

Há duas histórias relacionadas a Walt Disney que sempre me impactaram sobre sua visão empreendedora. A primeira está ligada à condição do solo em que se localiza o Disney World, pois toda aquela região era e ainda é um grande pântano, e construir sobre um pântano era um grande desafio. Até porque, enquanto isso, outras cidades dos Estados Unidos queriam sediar o novo empreendimento, entre elas Saint Louis, no Missouri.

No entanto, Walt Disney aceitou o desafio de construir o novo parque sobre a área pantanosa do centro da Flórida, e o que parecia ser impossível acabou criando uma das frases mais célebres de sua vida: "Gosto do impossível, porque lá a concorrência sempre será menor".

A segunda história que muito aprecio sobre Walt Disney diz respeito à inauguração do Magic Kingdom. Como dissemos,

---

Mickey Mouse e Pato Donald e foi o primeiro a produzir um longa-metragem de animação, *Branca de neve e os sete anões*, em 1937, que foi um marco na história do cinema. Além de seus sucessos no cinema, Disney também idealizou e construiu os parques temáticos Disneyland e Walt Disney World, que continuam a ser destinos turísticos populares. Ele recebeu inúmeros prêmios ao longo de sua carreira, incluindo múltiplos Oscars e a Medalha Presidencial da Liberdade.

ele havia falecido cinco anos antes, e isso havia causado profunda comoção, pois seu grande projeto acabara não sendo concluído por ele. No dia da inauguração, em 1.º de outubro de 1971, um investidor do grupo olha para Roy Disney (irmão mais velho de Walt Disney) e diz: "Que pena que Walt não viu isso aqui pronto". Surpreendentemente, Roy olha para ele e diz: "Viu sim, e muito antes de nós. Na verdade, nós só estamos conseguindo ver isso aqui hoje, pois foi ele que conseguiu ver isso aqui primeiro. Isso já havia sido visto por ele anos atrás".

Essa história me emociona todas as vezes que lembro dela. A grande lição dela é que o futuro é uma visão que você precisa ter diante dos seus olhos sempre. Rick Warren magistralmente ensinou que toda visão precisa ser transmitida através de uma imagem. Todo projeto precisa ser mostrado em um desenho, porque a visão é algo que primeiro deve preencher a totalidade da mente. Ela precisa ser repetida várias vezes, e depois que a mente assimilar, ficará mais fácil de ser materializada. É literalmente a seguinte convicção: "Vi o futuro e gostei do que vi. Estou indo para lá".

O sábio Salomão escreveu há quase três mil anos: "Porque, como imaginou no seu coração, assim é ele" (Provérbios 23.7, ACF). Toda grande revolução primeiro começa na mente. Richard Bach[2] certa vez disse: "Mais cedo ou mais

---

[2] Richard Bach é um escritor e piloto americano, famoso por seu livro *Fernão Capelo Gaivota* (1970), que explora temas de liberdade, autoaperfeiçoamento e o espírito humano através da história de uma gaivota que busca ultrapassar os limites de voo de sua espécie. Bach nasceu em 23 de junho de 1936 e serviu na Força Aérea dos Estados Unidos antes de se dedicar à escrita. Suas obras muitas vezes refletem seu

tarde, aqueles que vencerão serão os que pensaram ser capazes".[3] Pois você nunca possuirá aquilo que não está disposto a perseguir.

Como escreveu T. S. Eliot:[4] "Somente aqueles que se arriscam a ir mais longe é que possivelmente descobrirão quão longe poderiam ir".[5]

O tempo passará de qualquer jeito, e passará para todos. Nossa vida neste mundo um dia chegará ao fim. A eternidade será um novo capítulo da vida — e esta está sendo definida aqui e agora —, porém um legado é algo que só poderá ser construído aqui, e não temos todo o tempo do mundo para isso.

A construção de uma visão lhe dará muito trabalho. Por vezes, você pensará em desistir e precisará tirar forças das fraquezas, crendo contra as esperanças para tornar a visão em algo real.

Nessa jornada, você não conseguirá ser preguiçoso e bem-sucedido ao mesmo tempo. Salomão escreveu: "A alma do preguiçoso deseja e coisa nenhuma alcança, mas a alma

---

amor pela aviação e suas filosofias de vida, focando na espiritualidade e na busca pelo sentido da existência.

[3] BACH, Richard. **O Paraíso é uma questão pessoal**. Record, 1974, p. 113.

[4] Thomas Stearns Eliot foi um poeta, ensaísta e dramaturgo anglo-americano, nascido em 26 de setembro de 1888 em St. Louis, Missouri, e naturalizado britânico em 1927. Eliot é uma figura central na literatura modernista do século 20, famoso por obras como *A terra inútil* (1922) e *Quatro quartetos* (1943). Sua poesia é conhecida por seu uso inovador da linguagem, referências intertextuais e exploração de temas como a alienação e a fragmentação da sociedade moderna. Ele recebeu o Prêmio Nobel de Literatura em 1948.

[5] THOMPSON, Robb. **Passaporte para a promoção**. Central Gospel, 2012, p. 15.

dos diligentes engorda" (Provérbios 13.4, ARC). Henry Miller[6] dizia: "O que distingue alguns poucos homens da maioria dos homens é a sua capacidade de agir e viver de acordo com as suas crenças".[7] Portanto, aquilo em que você acredita e persegue diferencia você dos demais.

Você nunca possuirá aquilo que não está disposto a perseguir.

Além disso, você precisará ter pelos menos dois retratos nítidos diante de você. O primeiro é o seu retrato interior, que não o deixará estar enganado sobre seus pontos fracos, suas áreas mais vulneráveis e as situações em que precisa ter mais cuidado, para que sua vida não se torne refém deles. Já falamos a respeito desse retrato interior no capítulo sobre inteligência emocional e a necessidade do autoconhecimento. Mas o segundo retrato que você precisará ter em mente será o retrato de onde você está indo e almejando chegar. Será esse segundo retrato que lhe fará do futuro uma visão!

[6] Henry Miller foi um escritor e ensaísta americano conhecido por suas obras semiautobiográficas que desafiavam as normas literárias e sociais de sua época. Suas obras mais conhecidas, como *Trópico de Câncer* e *Trópico de Capricórnio*, combinam estudo de personagens, crítica social, reflexões filosóficas e descrições explícitas de sexualidade. Miller também é conhecido por seus ensaios e memórias, como *O colosso de Marússia* e *O pesadelo refrigerado*, que exploram suas viagens e visões culturais.

[7] MILLER, Henry. **Sabedoria do coração.** LPP, 1986, p. 129.

Concluo com alguns últimos conceitos práticos que o ajudarão a perseguir uma vida mais eficaz, satisfatória e feliz na sua caminhada de liderança pessoal:

- **Traga suas crenças para a vida e não as restrinja apenas ao que você faz.** Nathaniel Hawthorne[8] dizia: "Nenhum homem, por qualquer período que seja, poderá ter uma face para si mesmo e outra para a multidão, sem finalmente se confundir quanto a que era a sua verdadeira".[9] Ou seja, ninguém conseguirá ser um personagem por muito tempo — aquele que é um personagem vez ou outra se revelará. Você precisará ser autêntico!

- **Controle suas expectativas.** As coisas dificilmente acontecerão no tempo que você deseja, mas a direção sempre será mais importante do que a velocidade. Suas expectativas precisarão estar sob controle, pois há uma regra de ouro na vida: "Só há decepção onde há expectativa". Quanto mais você fizer sua parte, dependendo mais de Deus e da sua dedicação e menos do que alguém poderá ou não fazer por você, mais chances terá de não se decepcionar. Entender isso vai ajudá-lo muito no seu caminho.

---

[8] Nathaniel Hawthorne foi um proeminente escritor americano do século 19, conhecido por sua maestria em criar histórias alegóricas e simbólicas. Nascido em Salem, Massachusetts, Hawthorne é famoso por suas obras *A letra escarlate* e *A casa das sete torres*, que exploram temas de culpa, hipocrisia e moralidade na sociedade puritana. Ao longo de sua carreira, Hawthorne trabalhou como funcionário de alfândega e serviu como cônsul dos Estados Unidos em Liverpool, Inglaterra. Ele foi um amigo próximo de escritores como Herman Melville e Ralph Waldo Emerson, influenciando e sendo influenciado por eles. Hawthorne morreu em 1864, sendo lembrado como um dos grandes romancistas americanos.

[9] BENNETT, Arnold. **Como viver 24 horas por dia.** Princípios, 2021, p. 57.

- **Não seja irresponsável, mas sonhe grande.** Certa vez, ouvi Elias Dantas[10] dizer uma frase na qual acredito muito: "Sonhe grande, pois se acontecer, só poderá ter sido Deus". A humanidade sempre estará dividida em dois grupos: os que estão perseguindo sonhos grandes e os que já se contentaram onde estão. Eu e você sempre estaremos em um desses dois grupos.
- **Busque a excelência.** Isso sempre o levará a ter um sonho maior do que você. Isso literalmente o esticará e extrairá de você o melhor que pode entregar!

Apenas sonhar grande não será a garantia de que você conseguirá chegar. Mas todos que já alcançaram um dia sonharam. É por isso que você precisa sonhar grande, pois, ainda que não consiga completamente alcançar, pelo menos terá conseguido ir bem mais longe. Mas quem sonhou pequeno, alcançando ou não, terá chegado a um alvo não muito distante.

- **Vença o medo das incertezas**, pois na maioria das vezes você não terá todas as respostas que gostaria de ter, mas terá certeza sobre a direção a seguir. Você precisa acreditar! Por isso que trazer Deus para liderar a sua vida fará toda a diferença, pois ele já viu o seu amanhã e saberá direcionar o melhor caminho para você.

---

[10] Elias Dantas é um líder cristão e fundador da Global Kingdom Partnership Network (GKPN), uma organização que busca promover parcerias globais e iniciativas cristãs em todo o mundo. Ele também é o presidente do Center for Studies in Global Christianity, uma entidade que pesquisa o desenvolvimento do cristianismo em escala global e facilita o diálogo entre diferentes comunidades cristãs.

Até onde você está disposto a chegar? Já chamou Deus para direcioná-lo? Lidere a sua vida com uma visão do futuro! Ele já começou, e os seus melhores anos estão logo ali!

100%

ORIGINAL

Você precisará ser autêntico!